대한민국 인구대역전

대한민국
인구 대역전

매일경제 국민보고대회팀 지음

매일경제신문사

목차

2부 대한민국 인구대역전의 시작

1부

대한민국
인구소멸 위기진단

위협받는 '마지노선 2.1'

출산율 하락은 전 세계 트렌드

2022년 11월 15일 유엔은 지구촌에서 살아가는 인구가 80억명으로 늘었다고 발표했다. 1974년 40억명에서 48년 만에 두 배가 됐고, 2010년 70억명을 돌파한 뒤 12년 만에 10억명이 불어난 것이다.

인구 증가 속도를 보면 과잉인구로 인한 문제점을 걱정해야 하지만 일각에서는 전 세계적 저출산 현상을 주목하고 있다. 유엔에 따르면 합계출산율(여성 1명이 평생 낳을 것으로 예상되는 평균 출생아 수)이 2.1명 미만인 국가는 2010년 98개국에서 2021년 124개국으로 늘었다.

합계출산율 2.1명은 한 나라가 현 수준을 유지하는 데 필요한 수치다. 즉 2.1명 이하의 출산율을 기록한 국가는 향후 인구 감소가 필연적이라는 것이다. 2021년 기준 자료 집계가 가능한 국가의 절반 이상, 국내총생산(GDP) 기준 상위 15개국이 모두 이 기준을 넘어서지 못하고 있다.

이처럼 세계는 20세기 이래로 꾸준한 출산율 감소를 목격하고 있다.

2021년 전 세계 합계출산율은 2.32명으로 유엔이 지표를 만든 1950년 이후 최저치였다. 추세가 이어진다면 2050년대 2.1명의 벽이 깨지고, 2100년께는 1.84명으로 내려갈 것으로 예상된다.

대륙 기준으로는 아시아의 하락세가 가파르다. 1963년 6.32명으로 정점을 기록한 뒤 2019년 2.1명 이하로 내려갔고, 2021년 1.94명이 됐다. 한동안 세계 인구 1위 자리를 지켰던 중국은 2021년

1.16명, 세계 최대 인구 대국인 인도는 2.03명이었다. 유럽은 1975년 2.07명으로 인구 감소가 시작됐고, 북미는 1972년 2.01명을 기록했다.

아직 가능성을 논할 수 있는 대륙인 아프리카도 상황은 비슷하다. 아프리카는 4.31명으로 전 세계 대륙 중 가장 높은 수준이지만, 역시나 하락세를 면치 못하고 있다. 유엔은 2050년 이후 아프리카의 출산율이 3.0명 이하로 떨어질 것으로 보고 있다.

더욱 심각한 선진국의 저출산

국가 수준에선 경제 개발에 먼저 성공한 나라일수록, 개인 차원에선 소득이 높을수록 출산율이 하락한다. 재삼 반복하지 않아도 대부분이 인식하고 있는 명제다. 이에 대해 가장 설득력 있는 이론으로 채택되는 것이 1992년 노벨 경제학상 수상자인 게리 베커 미국 시카고대 교수의 출산 관련 경제모형이다. 베커 교수는 인구 변화의 고전적 이

2023년 전 세계 합계출산율 지도

(단위: 명)

범례
6.0–6.9
5.0–5.9
4.5–4.9
4.0–4.4
3.5–3.9
3.0–3.4
2.6–2.9
2.3–2.5
2.0–2.2
1.8–1.9
1.6–1.7
1.4–1.5
1.2–1.3
1.0–1.1
0.8–0.9

론인 인구론과 자연선택설을 만들어낸 찰스 다윈의 진화론을 결합해 한 가정의 자녀 계획의 경향성을 설명했다. 이 모형에 따르면 부모는 몇 명의 자녀를 출산할지 결정하는 과정에서 자신들의 경제적 능력과 자녀 양육 비용을 고려해 자질과 능력이 뛰어난 자녀를 낳고 싶어 한다.

경제적 예시를 들어보자. 만약 자동차를 두 대 사려고 한다면 첫 차는 고급 외제 승용차를, 두 번째는 저렴한 중고 소형차를 선택할 가능성이 높다. 그러나 자녀는 자동차가 아니다. 부모들은 모든 자녀의 자질이 뛰어나기를 바라지 첫째는 우수하게, 둘째는 열등하게 자라길 원하지 않는다. 즉 가구 소득이 증가함에 따라 한 자녀를 둔 부모는 둘째를 낳고 싶은 마음도 있지만, 경제적 여유가 생긴 만큼 지금의 자녀에게 더 많은 투자를 해주고 싶은 마음도 있는 것이다.

자녀를 한 명 더 낳는다면 투자는 갑절이 들어간다. 당연하게도 자녀 수의 증가는 경제적 부담을 초래한다. 반대로 자녀 수가 줄어들면 자녀의 자질을 높이는 총비용은 내려간다. 이 때문에 소득이 늘어날수록 부모는 자녀를 더 낳

지 않고 '하나만 낳아 잘 키우는' 집중 전략을 채택하게 되는 것이다.

베커 교수의 모형이 적용된 개별 가구들인 사회로 확대한다면 경제 성장으로 중산층이 늘어난 선진국에서는 이같은 '집중 전략'이 대세가 되고 한 나라의 전체 출산율이 떨어지는 것이다.

"인구 감소, 그렇게 큰 문제 아냐"

전 세계적인 출산율 감소와 관련해 일각에서는 현재 인구 감소에 따른 위기론이 지나치게 과장됐다는 주장도 나

제니퍼 스쿠바 미국 로즈칼리지 교수

온다. 제니퍼 스쿠바 미국 로즈칼리지 교수가 대표적이다. 그는 경제 성장과 인구 감소가 필연적이라고 본다. 인구 구성이 경제 발전의 자양분이 되는 '인구 배당 효과'는 출산율 하락으로 영유아 비중이 전체 인구의 30% 미만으로 떨어지고 65세 이상 노인이 15% 미만일 때 발생한다. 즉 일정 수준의 출산율 하락이 경제 발전에 효과적이라는 뜻이다. 어린이와 노인 인구 비중 감소는 생산가능인구(15~64세)가 전체에서 차지하는 비중이 높다는 것이고, 아울러 소수의 어린이에게 투자를 집중할 수 있어 인적자원의 가치가 커진다는 얘기다.

아울러 스쿠바 교수는 고령화가 사회적 성숙과 안정을 가져온다고 본다. 국제 인권 단체 프리덤하우스에 따르면 자유 국가 범주에 들어간 나라는 중위연령(나이순으로 1열로 세웠을 때 가운데 사람의 나이)이 각각 25세, 35세, 45세일 때 30%, 75%, 90%로 비중이 높아졌다. 중위연령이 25세 미만인 나라 중 자유 국가 지위를 10년 이상 유지한 곳은 찾기 힘들었다. 스쿠바 교수는 자신의 저서를 통해 "저개발 국가의 인구 증가를 인구 배당 등 희망적인 신호로만 봐서는 안 된다"며 세계적으로, 인구 감소보다 통제되지 않는 인구 증가를 경계해야 한다고 말했다.

대한민국은 집단자살 중인가?

흑사병보다 위협적인 한국의 저출산

출산율 감소가 세계적인 현상이고 특히 선진국에서의 저출산은 필연에 가깝다면 여기저기서 들리는 한국의 저출산 현상에 대한 경고음은 과장된 것이라고 봐도 될까.

하지만 통계는 한국의 경우 세계적 흐름에서 한참 벗어난 '아웃라이어'에 가깝다고 말한다. 즉 한국의 저출산 현상은 출산율 하락 속도와 그 수준이 처참하리만큼 빠르고 심각하다는 것이다.

한국의 합계출산율은 2023년 연간 기준 0.72명에 불과하다. 세계에서 가장 낮은 수준이고, 이 같은 출산율이 계속된다면 젊은 인구가 현재 100명일 경우 2100년엔 그 숫자가 6명으로 줄어든다는 의미다. 통계청의 장래인구추계에

따르면 한국은 이미 인구 감소가 시작돼 지금으로부터 26년 뒤인 2050년엔 인구가 4333만명이 되고 약 800만명의 한국인이 사라질 것으로 예상된다.

이례적인 저출산 현상을 두고 전 세계도 주목하고 있다. 로스 다우서트 미국 뉴욕타임스(NYT) 칼럼니스트는 '한국은 소멸하는가'라는 제목의 칼럼에서 "한국은 선진국들이 안고 있는 인구 감소 문제에서 두드러진 사례연구 대상국"이라고 소개했다. 그는 0.7명대의 합계출산율을 설명하며 "이 수준의 출산율을 유지하는 국가는 한 세대를 구성하는 200명이 다음 세대에 70명으로 줄어들게 된다"며 "이 같은 인구 감소는 14세기 흑사병이 유럽에서 몰고 온 인구 감소를 능가하는 것"이라고 밝혔다. NYT는 향후 한국 사회 모습을 놓고

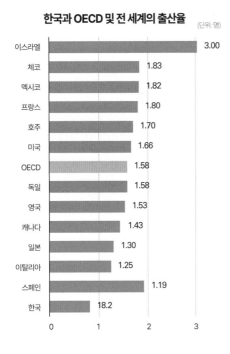

한국과 OECD 및 전 세계의 출산율 (단위: 명)

국가	출산율
이스라엘	3.00
체코	1.83
멕시코	1.82
프랑스	1.80
호주	1.70
미국	1.66
OECD	1.58
독일	1.58
영국	1.53
캐나다	1.43
일본	1.30
이탈리아	1.25
스페인	1.19
한국	18.2

율은 1960~2021년 217개 국가·지역을 통틀어 1위인 것으로 나타났다. 한국 출산율은 1960년 5.95명에서 2023년 0.72명으로 90%에 가까운 감소율을 보였다. 경제협력개발기구(OECD) 등 선진국 모임은 물론 전 세계 평균과 대비해도 하락 속도가 이례적으로 빠른 것이다.

초저출산의 지속 기간 역시 세계 최고 수준이다. 한국은 2002년 이후 2023년까지 22년간 1.3명 미만의 초저출산 현상이 나타나고 있고, 인구 1000만명 이상 국가 중 초저출산 현상이 지속되는 기간 역시 세계 1위였다. 20년 이상 초저출산을 기록한 지역은 한국과 홍콩, 마카오 등 3개국에 불과하다.

지금과 같은 상황이 지속되면 65세 이상 고령인구 비중은 2046년부터 일본을 넘어 OECD 국가 중 가장 높은 수준으로 올라서고, 2062년에는 홍콩을 제치고 전 세계에서 가장 늙은 나라라는 불명예스러운 칭호를 얻게 된다.

초저출산에 대한 한국의 대응이 효과를 보이지 못한다면 결과는 자명하다. 경제 분야에선 노동인구 감소 등으로 2050년대에 평균 68% 확률로 역성장할 것으로 예측되고, 2060년대엔 이 확

"노인 세대는 불가피하게 방치되고, 엄청난 유령도시와 황폐해진 고층빌딩이 생기고, 고령층 부양 부담에 미래가 보이지 않는 젊은 세대의 이민이 나타날 것"이라고 했다. 이어 "한국이 유능한 야전군을 유지하는 데 어려움을 겪는다면 합계출산율이 1.8명인 북한이 어느 시점에선 남침할 가능성도 있을 것"이라고도 적었다.

더 큰 문제는 하락 속도 역시 세계 최고라는 것이다. 한국은행에 따르면 2021년 기준 한국의 합계출산율 감소

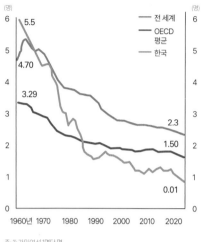

하락 속도가 매우 빠른
한국과 OECD 및 전 세계의 합계출산율

(명)
전 세계
OECD 평균
한국

5.5
4.70
3.29
2.3
1.50
0.01

1960년 1970 1980 1990 2000 2010 2020

주: 1) 가임여성 1명당 명

자료: World Bank

률이 80%를 상회하는 것으로 연구됐다. 사회 전반의 안정성도 떨어질 수밖에 없다. 통상 세대 내 불평등 수준이 높은 고령층 비중이 커지며 사회의 불평등 수준도 높아지고 그만큼 불안정함이 커지는 것이다. 한국은행 연구에 따르면 동일 출생 연도 집단 내 가구 간 불평등도가 상승하는 연령효과(age effect)가 고령화로 인해 커질 것으로 보인다. 구체적으로 2021~2040년의 연령효과에 따른 불평등지수 상승폭은 직전 20년(2001~2020년)간의 1.3배에 달할 것으로 추산됐다.

완벽히 실패한 17년간의 대책

한국의 저출산 문제가 대두된 것은 2000년대부터다. 1990년대 후반 'IMF 환란'을 겪고 하락한 출산율은 2000년 '밀레니엄 베이비' 열풍에 소폭 늘어난 뒤 본격적인 하락세에 접어든다. 2000년 1.48명이었던 출산율은 오름내림을 반복하며 2010년 1.23명, 2022년 0.78명으로 떨어졌다.

정부 역시 손 놓고 있지 않았다. 2003년부터 산아 제한 정책이 출산 장려 정책으로 선회됐고, 현재 저출산고령사회위원회의 전신인 인구고령사회대책팀이 사회통합기획단 내에 설립됐다.

2005년엔 처음으로 저출산·고령사회기본법이 공포돼 시행됐고, 이듬해 5년 단위의 '저출산·고령사회 기본계획'이 처음 수립됐다.

심각한 출산율 하락을 막기 위해 막대한 예산도 쏟아부어졌다. 2006년부터 본격적인 '저출산 예산'이 등장했고 2023년까지 17년간 400조원 안팎의 세금이 '저출산 예산' 명목으로 사용됐다. 2006년 2조1000억원 수준이었던 연간 저출산 예산은 2016년 21조4000억원으로 10배가량 증가했고, 2022년엔 50조

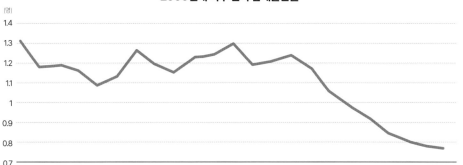

2000년대 이후 한국 합계출산율

(명)
1.4
1.3
1.2
1.1
1
0.9
0.8
0.7

2001 2002 2003 2004 2005 2006 2007 2008 2009 2010 2011 2012 2013 2014 2015 2016 2017 2018 2019 2020 2021 2022 2023년

원이 넘는 예산이 투입됐다. 2023년 시행계획에서도 약 48조2000억원이 저출산 대응 예산 규모였다.

대응 분야 역시 시간이 갈수록 늘어 초창기엔 영유아와 자녀 양육 등 출산율과 직접적인 관련이 있는 분야에 예산이 집중됐고 이후엔 청년 일자리와 주거 예산까지 저출산 예산 범위에 포함됐다.

다만 저출산 예산이 적재적소에 들어갔다는 평가는 적다. 국회 예산정책처는 보고서를 통해 예산은 불어났지만 부모들의 양육 부담을 줄여주는 가족 지원 분야 예산은 답보 중이라고 비판했다. 2021년 중앙부처의 저출산 대응 예산은 46조6846억원으로 그해 국내총생산(GDP)의 2.25% 규모였으며

OECD의 평균 가족 지원 공공지출 비중인 2.29% 수준에 근접했다. 그러나 실상을 보면 전체 46조원의 절반 수준인 22조9833억원은 신혼부부와 청년 주택융자 지원 금액일 뿐 아이 양육 지원과 다소 동떨어져 있다. 특히 가족 지원 예산 중 육아휴직급여, 아동수당 등 현금 지급 정책의 비중은 2019년 기준 GDP의 0.32%에 불과해 OECD 평균(1.12%)의 3분의 1 수준이다. 예정처는 "저출산 예산 증가는 줄곧 과대 계상(평가)됐으며 해외와 비교 가능한 가족 지원 지출 비중 지표에서 보면 여전히 작고 그마저도 (현금이 아닌) 서비스에 편중됐다"면서 "예산 증가가 정책 수요자들이 체감할 만한 가족 지원 증가로 이어질 수 없었다"고 했다.

'아이냐 일이냐'
양자택일 강요받는 여성들

정부의 노력에도 한국의 초저출산 문제가 해결되지 않고 있는 것은 법적으로 보장된 각종 양육 지원 제도와 정책을 실제로 사용하기 어려운 사회·문화적 환경 탓이 크다. 정부는 여성 근로자에게 출산 전후 90일의 출산휴가를 부여하고, 배우자 출산 시 남성 근로자가 청구하면 10일의 유급휴가를 부여하며, 만 8세 이하 또는 초등학교 2학년 이하의 자녀 양육을 위해 부모가 각각 최대 1년 휴직할 수 있게 하는 등 여러 출산·양육 환경 개선 정책을 시행하고 있지만 사용률은 저조하다.

통계청에 따르면 2022년 출생아 100명의 부모 중 당해 육아휴직을 사용한 휴직자 수는 35명에 불과하다. 이 가운데 아빠가 5명, 엄마가 30명으로 엄마의 육아휴직이 절대적으로 많다. 2022년에 출생한 24만9186명의 부모 중 육아휴직자 수는 8만7092명으로 아이를 낳고도 휴직 없이 바로 일터로 나가는 보호자가 65%에 달하는 것이다.

특히 대기업에 다니는 부모일수록 육아휴직 사용률이 높았다. 2022년 출생아 부모 중 아빠 육아휴직자의 65%는 종사자 규모가 300인 이상인 대기업에 다니고 있는 것으로 조사됐다. 엄마 육아휴직자 역시 59%가 대기업에 다니고 있었다. 종사자 규모가 4인 이하에 소속된 경우는 5% 안팎으로 가장 낮았다. 여성의 일·가정 양립 역시 여전히 미흡하다. 인구보건복지협회가 2017년 전국 만 20~59세 남녀 1000명을 대상으로 저출산 원인을 조사한 결과 '일과 육아 양립 문화가 미흡해서'라는 응답이 14.3%로, '자녀 양육에 대한 경제적

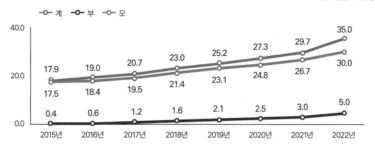

2022년 육아휴직 부모 수

(단위: 출생아 100명당 명)

- 계
- 부
- 모

	2015년	2016년	2017년	2018년	2019년	2020년	2021년	2022년
계	17.9	19.0	20.7	23.0	25.2	27.3	29.7	35.0
모	17.5	18.4	19.5	21.4	23.1	24.8	26.7	30.0
부	0.4	0.6	1.2	1.6	2.1	2.5	3.0	5.0

자료: 통계청 2022년 육아휴직 통계 결과

단위: 명, %, 출생아 100명당 명

		2018년	2019년	2020년	2021년	2022년	증감	증감률
출생아 부모 중 육아휴직자 (A=C+D)	전체	75,227	76,136	74,275	77,391	87,092	9,701	13
	부(C)	5,278	6,340	6,871	7,933	12,407	4,474	56.4
	모(D)	69,949	69,796	67,404	69,458	74,685	5,227	7.5
	부&모	2,706	3,664	4,828	5,844	12,888	7,004	120.5
출생아(B)		326,822	302,676	272,337	260,562	249,186	-11,376	-4.4
출생아 100명당 출생아 부모 중 육아휴직자 (A/B*100)	전체	23.0	25.2	27.3	29.7	35.0	5.2	-
	부(C)	1.6	2.1	2.5	3.0	5	1.9	-
	모(D)	21.4	23.1	24.8	26.7	30.0	3.3	-

* 증감 및 증감률은 2021년 대비 2022년. '부&모'는 출생아 출생연도에 부와 모 모두 육아휴직을 한 경우임

부담'(42.6%)에 이어 2위를 기록했다. 고용노동부의 2022년 일·가정 양립 실태조사에 따르면 출산휴가, 육아휴직 등 실제 제도를 활용하기 어려운 이유로 '사용할 수 없는 직장 분위기나 문화 때문'이라는 답변이 2위에 올랐다. 1위는 '동료 및 관리자의 업무 가중'으로 임신 및 출산·육아 지원 제도가 있더라도 사용하기 어려운 기업문화 때문

에 일·가정 양립이 제대로 되지 않고 있는 것으로 나타났다.

이러한 영향으로 기혼 여성 5명 중 1명은 직장에 다니다 그만둔 '경력단절여성'인 것으로 나타났다. 통계청이 발표한 '2023년 상반기 기혼 여성 고용 현황'을 보면 2023년 상반기 경력 단절을 겪고 있는 여성은 총 134만9000명으로, 전체 기혼 여성 가운데 17%를 차지했

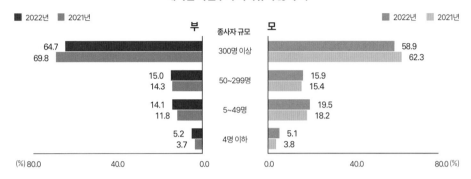

대기업 다닐수록 육아휴직 많이 써

	부	종사자 규모	모	
■ 2022년 ■ 2021년				■ 2022년 ■ 2021년
64.7 / 69.8		300명 이상		58.9 / 62.3
15.0 / 14.3		50~299명		15.9 / 15.4
14.1 / 11.8		5~49명		19.5 / 18.2
5.2 / 3.7		4명 이하		5.1 / 3.8

(%) 80.0   40.0   0.0   0.0   40.0   80.0 (%)

다. 경력단절여성은 결혼, 임신·출산, 육아, 자녀(초등) 교육, 가족 돌봄 등 여러 이유로 직장을 그만둔 미취업 상태의 여성을 말한다.

경력 단절의 주된 사유는 육아였다. 육아 때문에 직장을 그만뒀다고 답한 여성은 56만7000명으로, 전체의 42%에 달했다. 결혼을 경력 단절의 이유로 꼽은 여성은 26%였고 임신·출산은 23%, 자녀 교육은 4%였다.

윤석열 대통령의 공약인 부모급여가 2023년부터 단계적으로 실시됐고 정부가 기저귀·분유에 붙는 부가가치세를 영구 면제했지만 출산율은 좀처럼 반등하지 않고 있다. 출산·양육과 관련해 각종 제도가 갖춰져 있고 정부가 현금성 지원을 하더라도 일과 가정을 균형 있게 유지하기 어려운 기업 환경에서는 부모가 아이를 쉽게 갖지 않는다는 의미로 풀이된다.

자녀 한 명당 대학 졸업 때까지 들어가는 양육비가 사교육비 때문에 4억원에 육박한다는 조사 결과(NH투자증권 100세시대연구소 행복리포트·2017년)를 볼 때 연간 최대 1200만원의 부모급여 역시 매력적이지 않을 수 있다. 예비 부모와 맞벌이 부부에게 필요한 것은 정부에서 일시적으로 통장에 꽂아주는 돈이 아니라 일과 육아의 양립이 지속 가능하도록 돕는 시스템이다. 초등학생 때부터 과다 경쟁에서 살아남기 위해 '학원 뺑뺑이'를 돌며 대학 입시와 취업에 목을 매는 사회가 아니라 건강하고 행복하게 아이를 키울 수 있는 사회인 것이다.

'돈 퍼주기' 헝가리 실험조차 실패로

최근 지방자치단체들이 경쟁하듯이 파격적인 출산장려금 지원책을 내놓고 있다. 인천시는 인천에서 태어나는 모든 아이에게 만 18세가 될 때까지 총 1억원을 지원하기로 했다. 1억원은 정부와 지자체의 종전 지원금 7200만원에 인천시 자체 예산 2800만원을 보탠 것이다. 충북 영동군은 국비와 도비에 군비를 합쳐 최고 1억2430만원을 지원하고, 경남 거창군은 출생아 1인당 1억 1000만원을 주기로 했다. 2024년 4월 총선을 앞두고는 신혼부부가 수년간 거주할 것을 약정하면 수억 원의 대출을 지원하고, 자녀를 출산하면 빚 일부를 탕감해주겠다는 공약까지 등장했다. 기업들도 이런 흐름에 동참하고 있다. 부영그룹은 2021년 이후 출산한 임직원 70여 명에게 1억원씩 총 70억원을 지급하고 앞으로도 자녀 1인당 1억원을 지원하는 출산장려책을 이어가기로 했다. 쌍방울그룹도 아이 셋을 낳은 임직원에게 총 1억원의 출산장려금을 지원하기로 했다. 2024년 1월 1일 이후 자녀를 출산한 5년 이상 근속자에게 첫째 출산 시 3000만원, 둘째 출산 시 3000만원, 셋째 출산 시 4000만원을 지급하는 식이다. 사모펀드 운용사인 IMM도 자녀를 낳은 직원에게 최대 1억원을 지원한다.

이런 출산장려금 릴레이는 출산율 제고와 현금성 지원을 연계했다는 점에서 헝가리 모델과 비슷하다. 헝가리는 저출산 극복을 위해 이민을 적극적으로 받아들이기보다 자녀가 있거나 출산 계획이 있는 자국민의 주머니에 돈을 꽂아주는 나라로 유명하다. 미래에

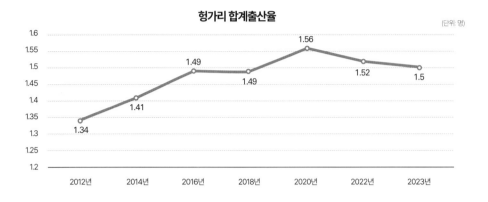

헝가리 합계출산율

(단위: 명)

- 2012년 1.34
- 2014년 1.41
- 2016년 1.49
- 2018년 1.49
- 2020년 1.56
- 2022년 1.52
- 2023년 1.5

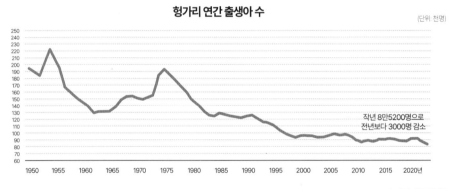

헝가리 연간 출생아 수

(단위: 천명)

작년 8만5200명으로
전년보다 3000명 감소

자료: 헝가리 중앙통계청

아이를 낳기로 약속하면 대출을 해줄 뿐 아니라 출산 자녀 수에 따라 부부에게 주택자금 지원, 대출이자 감면·면제, 대출액 탕감, 소득세 면제, 자동차 구매 비용 지급, 국영 시험관 시술 기관 무료 지원 등 다양한 현금성 지원을 제공하고 있다. 그러니 헝가리 중앙통계청에 따르면 헝가리 합계출산율은 2011년 1.23명에서 2022년 1.52명으로 오른 이후 2023년 1.50명으로 다시 떨어졌고, 출생아 수는 전년보다 3000명 줄어든 8만5200명으로 역대 최저치를 기록했다. 헝가리식 저출산 대책은 출산율 제고 효과도 의문이지만, 한정된 자원을 효율적으로 배분해야 하는 한국의 재정 상황을 감안하면 지속가능성 측면에서도 적합하지 않다.

고용·주거·복지 얽힌 고차방정식

한국도 만 0~1세 자녀가 있는 가구에 연간 최대 1200만원을 지급하는 '부모급여' 제도를 도입하고, 아이를 낳을 때마다 수백만 원씩 출산장려금을 지급하고 있지만 출산율은 좀처럼 반등하지 않고 있다. 이는 저출산이 단순히 예산을 투입해 해결할 수 있는 문제가 아니라 고용, 복지, 교육, 주택 등 여러 문제와 얽혀 있기 때문이다.

우리나라 초저출산은 미혼율이 늘면서 더 심각해지고 있는데, 한국은행은 이 같은 현상을 두고 청년들이 느끼는 높은 '경쟁 압력'과 고용·주거·양육 측면의 '불안'이 연관된 것으로 분석했다. 취업 경쟁이 심화되고 집값이 천정부지로 치솟으면서 청년들이 결혼을 선택하기 어려운 환경에 놓였다는 것으로 볼 수 있다. 우리나라는 출산이

대부분 혼인관계에서 이뤄지기 때문에 미혼율 증가는 출산율 하락으로 직결된다.

실제 통계청 인구총조사에 따르면 25~49세 여성의 미혼율은 1990년 8.0%에서 2020년 32.9%로 껑충 뛰었다. 특히 30대 여성의 미혼율은 2020년 기준 33.6%로 30대 여성인구 중 3분의 1이 미혼인 것으로 나타났다. 혼인은 했지만 자녀를 갖지 않는 가정도 2010년 6.0%에서 2020년 14.3%로 두 배 이상 늘었다. 일과 출산·육아 양립 문제가 출산에 영향을 미치는 것으로 나타났다.

한은은 2023년 11월 '초저출산 및 초고령화 사회: 극단적 인구구조의 원인, 영향, 대책' 보고서를 통해 경쟁 압력을 많이 느끼는 청년일수록 희망 자녀 수가 유의하게 낮게 나타났고 경쟁

미혼율·무자녀 증가 추세

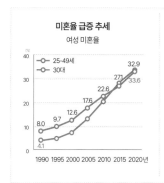

미혼율 급증 추세
여성 미혼율

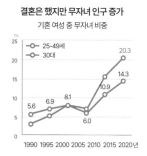

결혼은 했지만 무자녀 인구 증가
기혼 여성 중 무자녀 비중

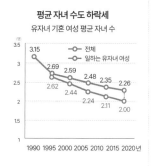

평균 자녀 수도 하락세
유자녀 기혼 여성 평균 자녀 수

자료: 한국은행 통계청 인구총조사

압력과 밀접한 관계를 지니는 인구밀도가 시도별 및 국가별 패널 분석에서 출산율에 마이너스(-)의 영향을 미치는 점 등은 경쟁 압력의 중요성을 보여준다고 짚었다. 취업이 됐는지 안 됐는지, 정규직인지 아닌지 등 개인의 고용 상태에 따라 결혼 의향이 크게 차이 나고, 설문 실험에서 주택 마련 비용에 대한 정보를 접한 그룹의 결혼 의향이나 희망 자녀 수가 낮게 나오는 것은 고용 및 주거 안정이 결혼·출산 결정에 중요하다는 점을 보여준다는 설명이다. 육아휴직을 실제로 이용하는 기간이 짧을수록 출산율이 낮다는 점도 눈에 띈다. 한은은 "실제 비정규직이 늘면서 양질의 일자리를 향한 취업 경쟁이 심화된 것으로 평가되며 주택 가격도 급등해 전반적으로 청년의 경쟁 압력이 높아지고 고용 및 주거 여건이 과거보다 악화된 것으로 판단된다"고 했다.

실제 한은이 2022년 9월 전국의 25~39세 미혼자와 무자녀인 기혼자 총 2000명을 대상으로 설문조사한 결과 응답자는 미혼·무자녀인 이유로 각각 '결혼하고 싶지만 상황이 여의치 않아서 (취업, 생활 안정, 집 마련 문제 등)' '양육 비용이 부담돼서' 등 어려운 고용·주거·양육 여건을 1순위로 들었다. 결혼과 자녀에 대한 가치관도 급속하게 바뀌고 있었다. 조사 결과 '반드시 결혼할 필요가 없다'거나 '반드시 자녀를 가질 필요가 없다'고 생각하는 비율이 크

초저출산 원인 분석 결과

분석 결과는 초저출산이 '청년들이 느끼는 높은 경쟁 압력과 불안'과 관련 깊음을 시사한다.

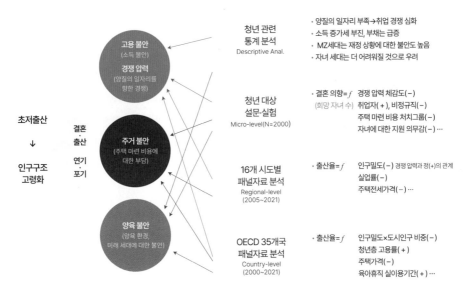

청년 관련
통계 분석
Descriptive Anal.

· 양질의 일자리 부족→취업 경쟁 심화
· 소득 증가세 부진, 부채는 급증
· MZ세대는 재정 상황에 대한 불안도 높음
· 자녀 세대는 더 어려워질 것으로 우려

청년 대상
설문·실험
Micro-level(N=2000)

· 결혼 의향=f 경쟁 압력 체감도(−)
  (희망 자녀 수) 취업자(+), 비정규직(−)
  주택 마련 비용 처치그룹(−)
  자녀에 대한 지원 의무감(−) …

16개 시도별
패널자료 분석
Regional-level
(2005~2021)

· 출산율=f 인구밀도(−) 경쟁 압력과 정(+)의 관계
  실업률(−)
  주택전세가격(−) …

OECD 35개국
패널자료 분석
Country-level
(2000~2021)

· 출산율=f 인구밀도×도시인구 비중(−)
  청년층 고용률(+)
  주택가격(−)
  육아휴직 실이용기간(+) …

고용 불안
(소득 불안)

경쟁 압력
(양질의 일자리를
향한 경쟁)

주거 불안
(주택 마련 비용에
대한 부담)

양육 불안
(양육 환경,
미래 세대에 대한 불안)

초저출산
↓
인구구조
고령화

결혼
출산
연기·
포기

자료: 한국은행

게 늘고 있으며 비혼 출산에 동의하는 비율도 높아진 것으로 나타났다.

이러한 상황을 감안할 때 한은은 고용·주거·양육 측면의 '불안'과 '경쟁 압력'을 낮추기 위한 지원과 대책이 필요하다고 강조했다. 나아가 그 근저에 있는 노동시장 이중구조, 높은 주택 가격, 수도권 집중 등 우리 경제의 구조적인 문제점을 개선하는 '구조 정책'의 필요성을 제기했다. 이를 통해 고용·주거·양육 여건이 개선되면 출산율이 일정 부분 오르고, 이는 다시 잠재성장률을 높이는 긍정적인 영향을 줄 것으로 전망됐다. 한은은 경제협력개발기구(OECD) 35개국 패널 자료를 이용한 시나리오 분석 결과 합계출산율이 0.2명 오르면 2040년대 잠재성장률이 0.1%포인트 높아질 것으로 봤다.

2005년 vs 2015년, 대한민국에 무슨 일이

21세기 대한민국의 인구 변곡점은?

대한민국의 인구위기에 대한 목소리가 들려온 것은 어제오늘 일이 아니다. 매 분기 정부 통계상 출생아 수가 역대 최저치를 기록했다는 보도가 줄을 잇고, 이대로 가다간 한국 사회를 지탱할 경제적 동력과 사회복지시스템이 붕괴할 수밖에 없다는 비관론이 끊임없이 흘러나오고 있다.

정부 차원의 대응은 노무현 정부의 저출산고령사회위원회 출범 이후 20년에 가깝게 이뤄지고 있다. 그러나 이 같은 정책이 실체적 변화를 이끌어냈느냐는 질문에 명쾌히 그렇다고 대답할 수 없다는 것은 자명한 사실이다. 연간 수백조 원의 재원을 쏟아붓고 있지만 출산율이 반등할 기미는 여전히 보이지 않

기 때문이다.

인구 문제 해결의 첫 단추는 21세기 이후 20년이 넘는 기간 동안 한국 사회의 어떤 동인에 의해 출산율이 움직였는지를 살펴보는 것이다. 더 나은 미래를 위해 과거를 들여다보는 것이다.

같은 맥락에서 현재 한국 사회의 주류 저출산 담론 중 눈에 띄는 것은 언제 출산율이 떨어졌는지에 주목하는 것이다. 학계와 정부, 언론이 가리키는 지점은 2015년이다. 직전 1.2~1.3명을 유지하던 국내 합계출산율은 2015년(1.24명)을 기점으로 급격히 하락하기 시작한다. 2016년 1.17명을 시작으로 2017년 1.05명, 2018년 0.98명 등 한 해도 거르지 않고 하락 일로를 걸어 6년 연속 0명대를 기록하고 있다. 이에 2015년부터의 급격한 하락 원인을 분석하고, 발

견된 원인을 제거하거나 변화를 이루고자 하는 것이다.

이 같은 방식은 정석과 같은 접근이지만 인구 문제 회복을 위한 최선은 아니다. 우리는 '출산율 하락'을 막는 것과 함께 궁극적으로 '출산율 회복'을 꾀해야 하기 때문이다. 보다 구체적으로 A(2015년)라는 요인이 B(출산율 하락)라는 결과를 냈다고 해서, A가 사라지면 B와 반대되는 결과인 B'(출산율 회복)가 꼭 나오리라는 보장은 없다. 오히려 과거 B'와 유사한 결과를 낳았던 또 다른 C라는 요인을 발견해 이를 적용하는 접근법도 고려해볼 만하다.

즉 지난 한국 사회에서 저조했던 출산율이 반등했던 시점을 발견하고 그 이유를 찾아낸다면, 지금까지와는 다른 저출산 정책을 도출하는 데 힌트가 될 수 있을 것이다.

마지막 바운스백, 2005년

한국의 출산율은 산아 제한 정책과 급격한 도시화 등을 등에 업고 1970년대 이래로 하락세를 거듭해왔다. 1970년대엔 아이를 2명 이하로 가지는 가구에 혜택을 제공했고, 1980년대엔 '하나씩만 낳아도 삼천리는 초만원'이란 표어를 바탕으로 1자녀 정책을 추진하기까지 한다. 강력한 정부 정책에 힘입어 출

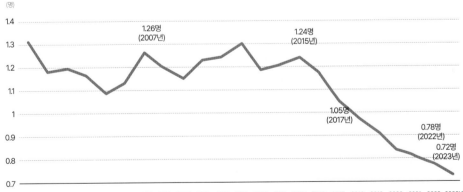

한국의 합계출산율

(명)

1.26명 (2007년)

1.24명 (2015년)

1.05명 (2017년)

0.78명 (2022년)

0.72명 (2023년)

2001 2002 2003 2004 2005 2006 2007 2008 2009 2010 2011 2012 2013 2014 2015 2016 2017 2018 2019 2020 2021 2022 2023년

자료: 한국은행 경제통계시스템

산율은 1980년대 중반 이미 미국, 일본, 영국·프랑스·독일 등 서구 선진국과 비슷한 수준으로 하락했다.

합계출산율 추이를 보면 큰 틀에서의 하락세는 유지됐지만 그 과정에서 출산율이 반등하는 시기가 있었다. 대표적으로 1991년 출산율은 1.71명으로 전년(1.57명) 대비 유의미한 반등을 보인다. 1991년은 냉전 종식에 따른 남북한 유엔 동시 가입 등 남북 관계에 훈풍이 불었던 해이자 국내총생산(GDP) 성장률 역시 직전 두 해 동안의 10% 미만 성장을 뒤로하고 다시 한번 10.4%의 고성장을 달성한 시기다. 아울러 정부가 그동안 유지했던 산아 제한 정책을 공식적으로 폐지한 연도이기도 하다. 즉 고성장, 통일 기대감 확대 등 사회적으로 희망적인 분위기가 조성됨과 동시에 아이를 가지는 것이 문제가 아닌 축복이라는 인식의 변화가 일어나며 출산율 반등에 성공한 것이다.

1991년 이후 한국 사회의 유의미한 출산율 바운스백(Bounce Back)은 2005년에 찾아온다. 2005년 합계출산율은 1.09명으로 당시 기준 역대 최저치를 기록했다. 그러나 이후 급격히 뛰어올라 2년 뒤인 2007년엔 1.26명까지 찍는다.

칼 빼든 정부와 희망을 본 청년들

참여정부는 2005년 출산율이 1.0명대를 위협할 수준으로 하락하자 '저출산·고령사회기본법'을 제정하고, 저출산고령사회위원회를 출범시켰다. 이후 2006년 제1차 저출산·고령사회기본계획을 수립했다. 제1차 기본계획은 "새롭고 희망찬 출산에서부터 노후 생활의 마지막까지 아름답고 행복하게 사는 사회"라는 의미와 "희망찬 미래와 행복이 가득한 사회를 새로 맞이하겠다"는 취지로 '새로마지플랜 2010'을 시작했다.

1차 기본계획 아래 영유아 보육·교육 지원이 확대돼 출산·양육에 대한 사회적 책임이 강화되고 가족친화기업 인증제 도입 등 일·가정 양립 환경 조성의 계기가 본격적으로 마련됐다. 특히 출산·양육 부담 경감 관련 영유아 보육·교육비 지원율이 2005년 21.9%에서 2010년 42.0%로 증가했고, 육아휴직제도 이용률 역시 같은 기간 26.0%에서 50.2%로 늘었다. 되돌아보면 민간 부문의 참여 부족으로 인해 맞벌이 가구에 대한 출산 지원 정책의 효율이 크진 않았지만, 기혼 가구의 보육 부담을

제1차 저출산 기본계획의 주요 사업

2006
- **영유아 보육·교육비 지원**
  - 만 3~4세아 차등보육·교육비 지원(도시근로자 평균소득 70%), 만 5세아 무상보육·교육비 지원(도시근로자 평균소득 90%까지) 및 장애아 무상보육·교육(만 12세 이하 모든 장애아)
- **방과후학교 확대 등 사교육비 부담 경감 지원**
  - 방과후 초등학교 보육 프로그램 운영(1100개), 저소득층 학생에게 무료 수강권 바우처 지급(10만명)
- **보육시설 확충 및 서비스 개선**
  - 국·공립보육시설 확충(150개소), 직장보육시설 확대
  - 민간보육시설 영아(0~2세)에 대한 보조금 지급(신규), 보육시설 평가인증제 확대, 시간연장 보육교사 지원(2000명)
- **모성 및 영유아 건강 관리 체계화**
  - 미숙아 및 선천성 이상아 지원(도시근로자 평균소득 130%), 선천성 대사 이상검사 및 환아 관리(도시근로자 평균소득 200%) 등

2007
- **국민연금 출산크레딧 제도 도입 추진→2008년 도입**
  - 자녀 수에 따라 최대 50개월까지 국민연금 가입 기간 추가 인정
  - ＊2자녀: 12개월, 3자녀: 30개월, 4자녀: 48개월, 5자녀: 50개월
- **아동복지교사, 아동발달지원계좌, 희망스타트 등 아동에 대한 사회 투자 신규 사업 추진**

2008
- **육아기 근로시간 단축 제도 도입**
  - 주당 근로시간을 15~30시간의 범위 내로 단축할 수 있도록 제도화, 1회에 한하여 분할 사용 허용
- **육아휴직 제도 개선**
  - 육아휴직 요건 완화: 만 1세→만 3세 미만으로 확대(2008년 1월 1일 이후 출생아부터)
  - 육아휴직 기간을 1회에 한하여 분할하여 사용할 수 있도록 허용

2009
- **무상보육·교육비 지원 대상 확대, 시설 미이용 아동 육아수당 지급, 육아휴직급여 활성화 등**

2010
- **보육·교육비 전액 지원 대상 확대**
  (두 자녀 이상 소득 하위 60%→70%)

자료: 대한민국 정부, '제1차 저출산·고령사회 기본계획'의 각 연도 시행계획

경감하는 등 처음으로 제도를 도입하고 기반을 조성했다는 측면에서 성과가 없었다고 보기 힘들다.

이와 관련해 한국보건사회연구원은 2008년 '최근 출산율 증가 원인 분석 및 중기 출산율 예측' 보고서를 통해 2006년 본격 시행된 저출산 대응 정책의 효과가 2006~2007년 출산율 상승에 유의미한 영향을 미쳤다고 분석했

다. 구체적으로 2007년 출산에 미친 영향을 조사한 결과 불임 부부 지원 정책, 모자 건강관리 지원 정책, 일·가정 양립 지원 정책, 보육비·교육비 지원 정책 순으로 출산 가능성을 높였다고 분석했다.

2005년 이후 출산율이 반등한 데는 희망적인 사회 분위기도 일조했다. 한국은 1997년 IMF 금융위기 이후 사회 전

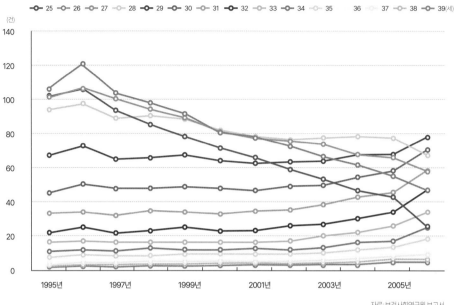

자료: 보건사회연구원 보고서

반적으로 실업과 미래에 대한 불확실성이 확대됐다. 경제위기 이전엔 일반적으로 고등학교 혹은 대학 교육을 마친 후 바로 취업해 3~4년 정도의 혼인 준비 기간을 거쳐 혼인과 출산을 경험했다. IMF 경제위기는 바로 이러한 혼인과 출산의 경향이 파괴되는 현상을 가져왔다. 즉 졸업 이후 3~4년 뒤에 혼인과 출신을 하는 경향이 점차 축소된 것이다. 이는 나이 기준 평균을 중심으로 매우 좁지만 높은 모습을 보였던 혼

인과 출산 분포가 폭이 넓어졌을 뿐 아니라 높이도 크게 줄어드는 결과로 나타났다.

그리고 2005년을 기점으로 한국은 점차 IMF 경제위기를 극복하고 중국의 고성장에 힘입어 경제 규모를 키웠다. 2006년 경제성장률은 5.3%이며, 2003년 이후 4년 만에 최고 수준이었던 1인당 GDP는 처음으로 2만달러를 돌파했다. 보사연은 2006년에 이전 해에 비해 28세 이하 남성의 혼인율이 크게 떨어진

1995~2006년 남성 1000명당 출산 건수

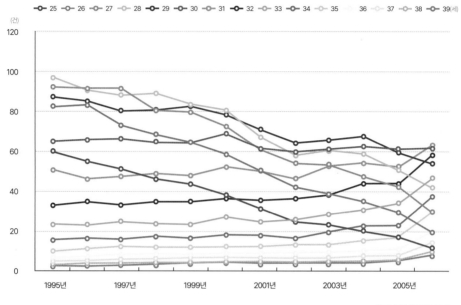

자료: 보건사회연구원 보고서

반면 29~32세 남성의 혼인율이 크게 높아졌다는 점을 짚었다. 즉 이전에 불안감에 혼인을 미뤄왔던 연령들이 2006년에 혼인했다는 것을 보여주는 결과다. 여성 역시 비슷했다. 특히 27~29세는 2002년 이후 이전에 비해 혼인율이 점차 상승했는데 2006년엔 가파른 상승 곡선을 보여줬다.

출산 추이도 상황은 비슷했다. 남성의 경우 2005년엔 1995년에 비해 첫째아 출산이 28%나 감소했다. 이 같은 추이는 특히 26~27세 연령 남성의 1997~2002년 첫째아 출산 연기 혹은 감소로 인한 것이었다. 그리고 2006년 들어 31세 이상 연령층 남성의 첫째아 출산이 큰 폭으로 증가한 것으로 나타났다. 즉 1999년대 후반~2000년대 초반 남성들이 어두운 경제 상황으로 미뤄온 출산이 2006년부터 서서히 회복하기 시작한 것이다.

보고서는 각종 경제 변수와 출산율 사이의 상관관계 역시 회귀분석했다. 그 결과 남성의 경우 1년 전 실업률이 높으면 당해 첫째아 출산이 감소하고, 1년 전 소비자물가지수 변화율이 높아지면 역시 출산이 줄어들었다. 특히 소비자물가지수는 국민들이 체감하는 경기와 미래 기대치를 동시에 보여줄 수 있는 변수인데, 소비자물가지수가 상승할 때 남성들은 첫째아 출산을 미루거나 단념하는 선택을 했다. 보고서는 "자녀 출산에 있어 남성과 여성 모두 본인의 실업률이 높았을 때 출산이 감소했고 또한 미래에 대한 경제적 불확실성이 높았을 때도 출산이 감소한 것으로 나타났다"고 했다. 이어 "반대의 시나리오도 가능한데, 경제 사정이 호전되어 본인 연령대의 실업률이 축소되고 소비자들이 느끼는 물가가 안정세에 접어들면 미래에 대한 불확실성이 축소되어 젊은 연령층이 출산을 선택하게 될 것으로 예측할 수 있다"며 "소비자물가지수 변동률은 2005~2007년에 이전 연도에 비해 많이 줄었고 이는 출산에 긍정적으로 작용하였을 가능성이 매우 크다"고 덧붙였다.

보금자리는 없고 경쟁은 심해지고… 절망의 시작 2015년

2005년이 한국 사회가 겪은 마지막 바운스백이었다면 10년 후인 2015년은 한국이 본격적인 초저출산 사회로 접어드는 시점이다. 2015년(1.24명) 이후 출산율은 매년 뚝뚝 떨어져 0명대에 접어들었고 2023년 0.72명까지 하락한다. 2015년이 '인구 절벽'의 시작점이 된 원인에 대해서는 여러 가설이 존재한다. 우선 새로운 가정을 꾸리고 아이를 키울 보금자리가 부족해졌다. 서울 아파트 매매 중위가격은 2012년 이후 4억원대를 횡보하다가 2015년 5억원을 돌파했다. 이후 2018년 4월 6억원을 넘어섰고, 2019년 1월엔 7억500만원을 기록해 불과 8개월 만에 1억원 넘게 올랐다.

당연하게도 중위소득 가구가 주택을 살 때 대출 상환 부담을 뜻하는 '주택구입부담지수'는 서울의 경우 2015년 1분기 83.7로 저점을 찍은 후 2022년 이후까지 꾸준하게 상승했다. 내 집 마련에 실패한 청년들이 결혼을 기피하거나 미루는 것을 알 수 있는 지표다.

여성들의 사회 진출이 활발해졌기 때

1986~2022년 전국 주택 유형별 매매가격지수

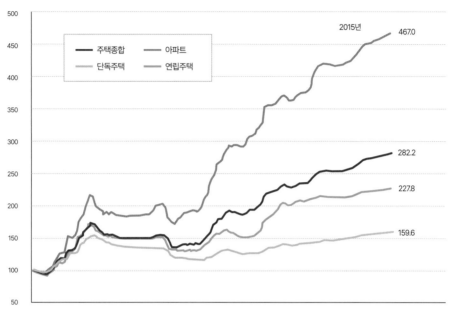

문이라는 것도 유력한 가설이다. 2015년 여성 고용률은 50.1%로 처음으로 50%를 넘어선 뒤 지속 상승해 2023년엔 54.1%를 기록했다. 특히 30대 여성 고용률은 2015년 56.9%에서 2023년 68%로 더욱 가파르게 상승했다. 여성의 경제활동 참가율은 2023년 전대미문의 70%를 넘어서기도 했다.

여전히 '출산과 육아는 여성의 몫'이라는 구시대적 기조가 남아 있고 일과 육아의 병행에 걸림돌이 많은 한국에서 여성의 고용시장 진출은 저출산과 밀접하게 연관돼 있을 수 있다. 한국개발연구원(KDI)은 '30대 여성 경제활동 참가율 상승 배경' 보고서를 통해 "30대 여성의 경제활동 참가율 상승 추세는 해당 연령대의 유자녀 여성 비중 감소와 밀접하게 연동된 것으로 분석된

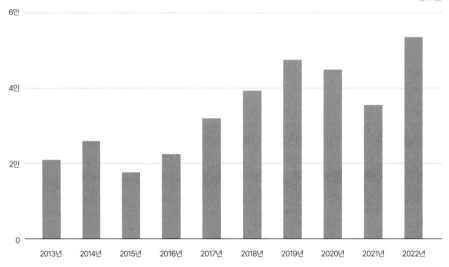

2013~2022년 20대 서울 순유입(유출-유입) 추이

(단위: 명)

자료: 통계청

다"고 밝혔다.

수도권 집중 현상이 2015년부터 심화됐다는 점도 거론된다. 청년층이 수도권에서 경쟁에 치이느라 결혼과 출산을 미루고 있다는 것이다. 2013년 2만 979명이었던 20대 서울 순유입 숫자는 2015년 1만7790명으로 저점을 찍은 뒤 꾸준하게 상승했다. 2017년엔 3만1955명을 기록했고, 2019년에는 4만 7566명이었다. 코로나19가 한창이던 2020~2021년엔 다소 숨고르기를 했지만 2022년은 전년 대비 2만여 명 증가한 5만3689명을 기록했다. 20대가 수도권, 특히 서울로 향하는 것은 취업과 학업 등 때문이다. 한국은행이 2023년 발간한 '지역 간 인구 이동과 지역경제' 보고서에 따르면, 청년층의 지역이동 요인은 고용률과 경제성장률 등과 연관이 있다. 2015년 이후 임금·고용률·성장률 격차가 커지면서 청년의 비수도권 유출이 심화되는 것이다. 이밖에 문화 및 의료 서비스에서 수도권과 비수도권 간 격차가 커진 점도 수도권에 청년들이 몰린 이유 중 하나로 거론된다.

민주주의까지 위협하는 인구위기

저출산과 고령화는 우리 사회 전반에 돌이킬 수 없는 문제를 야기할 공산이 크다.

가장 큰 문제로 재정 건전성을 꼽을 수 있다. 수명이 늘어나는 상황에서 국민 노후를 책임질 국민연금이 대표적이다. 한국개발연구원(KDI)에 따르면 현재의 국민연금 제도가 유지될 경우 적립 기금은 2023년 국내총생산(GDP)의 44.8%인 1015조원에서 2039년 최대 규모인 1972조원에 도달한 이후 점차 감소해 2054년에는 소진되는 것으로 나타났다. 현행 연금 제도는 기금 소진 후에도 가입자에게 약속된 연금을 지급하기 위해 보험료율을 조정하도록 설계돼 있다. 하지만 보험료율 조정만으로 약속된 연금 급여를 감당하려면 보험료율을 경제협력개발기구(OECD)에서 최고 공적연금 보험료율 수준인 33%(이탈리아)를 능가하는 35% 내외까지 인상해야 한다. 이는 사회적으로 청년 세대의 거센 반발을 일으킬 가능성이 크다.

이에 이강구·신승룡 KDI 연구위원은 2024년 2월 미래 세대의 과도한 부담을 덜기 위해 국민연금을 세대별로 다른 방식으로 운용하자는 제안을 내놨다. 미래 세대가 내는 돈은 기존 국민연금 계정에 담지 말고 '새 부대'에 넣자는 주장이다. 이 경우 미래 세대는 15.5%(보험료율)를 내고 노후에 매달 생애 평균 월 소득의 40%(소득대체율)를 받을 수 있는 것으로 분석된다. 이 제도 아래에선 가입자가 낸 보험료와 기금 운용 수익을 합한 금액이 사망할 때까지 받는 연금 지급액과 같아진다.

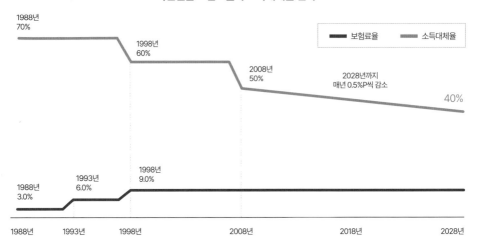

국민연금 보험료율과 소득대체율 변화

1988년
70%

1998년
60%

2008년
50%

2028년까지
매년 0.5%P씩 감소

40%

보험료율   소득대체율

1998년
9.0%

1993년
6.0%

1988년
3.0%

1988년   1993년   1998년   2008년   2018년   2028년

자료: KDI 보건복지부

기존 국민연금은 평생 낸 돈(운용 수익 포함)보다 노후에 받는 돈이 가입 기간에 따라 최대 2배 많게 설계돼 있다. 다만 이 같은 새로운 연금 제도를 도입하면 기존 연금 적립금은 훨씬 빠르게 고갈될 수 있다. 두 연구위원은 "기존 연금의 재정 부족분은 일반 재정이 보장해야 한다"고 했다.

건강보험도 빼놓을 수 없다. 실제로 노인 인구 증가와 함께 총진료비가 2022년 사상 처음으로 100조원을 넘어섰다. 국민건강보험공단에 따르면 2022년 전체 진료비(건보 부담금+본인 부담금)는 전년 대비 9.5% 증가한 102조4277억원을 기록했다. 여기에는 65세 이상 노인이 늘면서 노인 진료비가 빠르게 증가한 점이 영향을 미쳤다. 노인 진료비는 2012년 16조3401억원에서 2022년 44조1187억원으로 2.7배 불어났다. 최근 들어 의료 이용이 줄어들면서 건보 재정은 흑자를 올렸지만, 조만간 적자로 돌아설 가능성이 크다는 우려가 나오는 이유다. 건보 재정은 2021년 2조8229억원, 2022년 3조6291억원 흑자를 기록했으며 2023년에도 4조1276억원의 당기수지 흑자를 달성했다. 하지만 당장 2024년부터는 적자가 이어질 것이라는 전망이 나온다. 국회예산정

연도별 65세 이상 진료비 현황

(단위: 천명, 억원, 원, %)

구분		2017년	2018년	2019년	2020년	2021년	2022년	전년 대비	
								증감	증감률(%)
적용인구	전체	50,941	51,072	51,391	51,345	51,412	51,410	△2	△0.004
	65세이상	6,806	7,092	7,463	7,904	8,320	8,751	431	5.2
	비율(%)	(13.4)	(13.9)	(14.5)	(15.4)	(16.2)	(17.0)		
진료비	전체	693,352	776,583	864,775	859,545	935,011	1,024,277	89,266	9.5
	65세이상	276,533	316,527	358,247	374,737	406,129	441,187	35,058	8.6
	비율(%)	(39.9)	(40.8)	(41.4)	(43.1)	(43.4)	(43.1)		
1인당 월평균 진료비	전체	113,612	126,891	140,663	141,086	151,613	166,073	14,460	9.5
	65세이상	346,161	378,667	409,536	404,331	415,887	429,585	13,698	3.3

책처에 따르면 건보 당기수지 적자 규모는 2024년 4조8000억원, 2025년 7조2000억원, 2028년 8조4000억원, 2030년 13조5000억원으로 갈수록 커질 것으로 예상된다. 지급 준비금으로 불리는 건보 누적 적립금은 2023년 27조9977억원에 이르지만 적자가 이어지면 2028년에는 바닥을 드러낼 것으로 우려된다.

이에 정부가 법정 기준에 맞게 국고 지원을 해야 한다는 지적도 나온다. 국민건강보험법과 국민건강증진법에 따르면 정부는 2007년부터 해당 연도 '건보료 예상 수입액의 20%'에 상당하는 금액을 일반회계에서 14%, 담뱃세(담배부담금)로 조성한 국민건강증진기금에

서 6% 각각 충당해 지원해야 한다. 하지만 그동안 이런 기준을 충족한 적은 한 차례도 없었다. 보건의료단체연합, 참여연대, 민주노총, 한국노총 등 40여 개 단체가 참여하는 무상의료운동본부는 2023년 성명에서 법정 기준대로 지급하지 않은 미지급금이 32조원에 이른다고 지적하기도 했다.

이처럼 사회보장 지출 만회와 경기 부양을 위해 국가가 지출을 늘려 부채가 늘어나면 한국의 신용등급은 떨어질 수 있다. 이 경우 원·달러 환율이 올라가며 물가 상승이 고착화할 가능성을 배제할 수 없다.

저출산·고령화가 산업계에 미치는 파급력도 단순히 생산가능인구 감소에

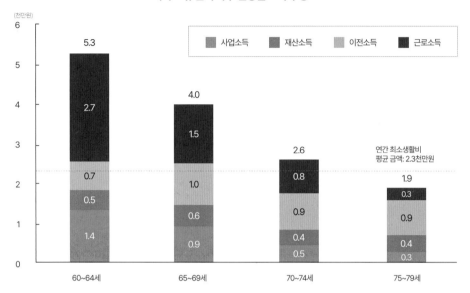

자가 보유 은퇴 가구 연령별 소득 구성

(천만원)

범례: 사업소득 / 재산소득 / 이전소득 / 근로소득

60~64세: 5.3 (근로소득 2.7, 이전소득 0.7, 재산소득 0.5, 사업소득 1.4)
65~69세: 4.0 (근로소득 1.5, 이전소득 1.0, 재산소득 0.6, 사업소득 0.9)
70~74세: 2.6 (근로소득 0.8, 이전소득 0.9, 재산소득 0.4, 사업소득 0.5)
75~79세: 1.9 (근로소득 0.3, 이전소득 0.9, 재산소득 0.4, 사업소득 0.3)

연간 최소생활비
평균 금액: 2.3천만원

주: 1) 2015년 기준, 가구당 평균 규모
2) 공적연금, 기초연금 등
3) 비은퇴 가구의 노후 최소생활비 응답액

자료: 한국은행 통계청

따른 노동력 부족에 그치지 않는다. 소비를 책임지는 내수시장 역시 쪼그라들 수밖에 없다. 건설 분야가 대표적이다. 은퇴자들은 70세를 전후로 소득을 통해 노후 생계비를 마련하는 것이 어려워져 소유한 주택을 처분하며 부족한 생계비를 보전할 가능성이 크다. 실제로 한국은행이 은퇴 연령의 자산 구성을 분석한 결과 70세 이후 실물자산 규모가 빠르게 줄어드는 모습이 나타나 고령화가 진전될수록 주택 수요층

이 축소될 것으로 예상됐다.

반면 40세 미만 청년 가구는 가족 형성이 지연되고 가구 수와 가구당 가구원 수가 줄어들면서 이전 세대에 비해 주택 면적을 줄일 뿐 아니라 자가 수요도 약화할 가능성이 크다고 분석됐다. 특히 청년 가구는 취업 부진으로 자산 축적이 더디지만 소득에 비해 주택 가격 상승률이 워낙 높아 자가 주택을 마련하기가 쉽지 않은 형국이다. 실제로 70세 이상의 주택 순매도가 증가하는 동

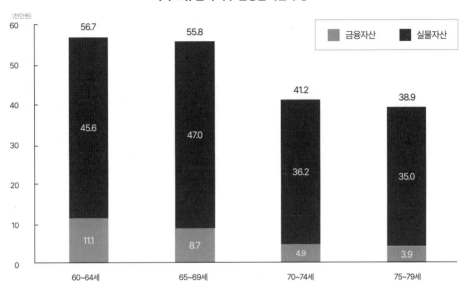

자가 보유 은퇴 가구 연령별 자산 구성

(천만원)

금융자산 **실물자산**

- 60~64세: 56.7 (실물자산 45.6, 금융자산 11.1)
- 65~69세: 55.8 (실물자산 47.0, 금융자산 8.7)
- 70~74세: 41.2 (실물자산 36.2, 금융자산 4.9)
- 75~79세: 38.9 (실물자산 35.0, 금융자산 3.9)

주: 1) 2016년 3월 말 기준. 가구당 평균 규모

자료: 한국은행 통계청

안 40세 미만의 순매수는 꾸준히 축소된 것으로 나타났다.

소멸위기지역을 중심으로 빈집도 꾸준히 늘어날 전망이다. 2022년 말 기준 전국 주택 보급률은 102.1%로, 주택 수가 가구 수보다 많다. 전국에서 주택 보급률이 가장 높은 곳은 경북(113.2%)이었다. 이어 전남(112.4%), 충북(111.6%), 충남(110.3%) 순이었다. 사업성이 낮은 지방 소재 주택은 재건축이나 재개발이 어려운 경우가 많아 빈집이 증가할 수 있다는 우려가 나온다. 특히 재건축 연한(준공 후 30년)이 도래하는 노후 아파트가 2016~2025년 가장 많이 늘어나는 상황에서 재건축이나 리모델링이 어려운 아파트는 빈집 전환이 늘어날 가능성이 크다. 건설업은 OECD 최고 수준인 GDP의 15% 가량을 차지하고 있어 건설업이 흔들리면 국가 경제 전체가 타격을 입을 수밖에 없다.

그 밖에 내수 시장 비중이 절대적인 통신, 금융, 식품, 사교육 등도 저출산에 따른 인구 감소로 직격탄을 맞을 업종

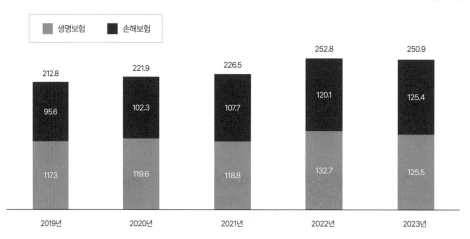

보험산업 전체 수입보험료 규모 전망

(단위: 조원)

- 생명보험
- 손해보험

연도	손해보험	생명보험	합계
2019년	95.6	117.3	212.8
2020년	102.3	119.6	221.9
2021년	107.7	118.8	226.5
2022년	120.1	132.7	252.8
2023년	125.4	125.5	250.9

자료: 보험연구원

으로 꼽힌다. 매일경제가 통계청 자료를 분석한 결과 2022년 전국 초·중·고교 사교육비는 전년 대비 10.8% 오른 약 26조원을 기록했다. 이는 전체 나라 경제 규모(명목GDP · 2162조원)의 1.2%에 달하며 삼성전자가 연구개발(R&D)에 투입한 비용(25조원)보다도 높다. 식품 업계에서는 일찌감치 사업 포트폴리오 재편과 해외 시장 진출로 타개책을 마련하려는 분위기가 감지된다. 한국농수산식품유통공사(aT)에 따르면 국내 영유아식 생산량은 2020년 2만8934t으로, 2016년보다 56% 감소했다. 유업계는 대체우유와 건강기능식품

을 신성장 동력으로 점찍고 제품 출시에 나섰고, 제과 업계 역시 해외 법인을 확대하거나 성인 대상 제품 개발에 힘쓰고 있다.

금융업에서는 일반은행과 저축은행에서 중장기적으로 저축 감소가 예상된다. 고령 가계가 소비를 충당하기 위해 저축을 줄이면서 민간 저축률이 저하되는 한편, 고령인구에 대한 사회복지 지출이 늘면서 공공부문 저축률 역시 낮아지기 때문이다. 유동성 확보가 목적인 단기예금은 영항이 적더라도 노후 소득 확보를 위한 각종 펀드 · 연금 선호로 장기예금은 감소할 것으로 예

상돼 은행의 수신 경쟁력은 하락할 것으로 보인다. 특히 은행 거래가 적은 고령인구가 늘고 거래가 활발한 30~50대 인구가 줄어들면 은행업 수익성은 악화할 가능성이 있다. 보험업에서도 보험료 수입 감소세가 점쳐진다. 2023년 보험연구원은 생명보험과 손해보험을 모두 합친 보험산업 보험료 수입이 전년 대비 0.7% 줄어들 것으로 내다보기도 했다. 반면 지급 보험금은 증가할 것으로 예상된다. 평균 수명이 연장돼 종신형 연금보험 지급 보험금이 증가하고 고령화로 건강보험 지급 보험금 규모가 확대되면서다.

이처럼 내수 침체로 수출 의존도가 심화하면 국가 경제가 '외풍'에 더 취약해질 우려가 있다. 고용과 세수에도 악영향을 미치는 한편, 기업가치가 하락해 국민 자산을 떠받들고 있는 국내 증시 부진으로 이어질 수 있다는 점을 간과할 수 없다.

인구구조 변화가 정치에도 영향을 미칠 것으로 분석된다. 급속한 저출산·고령화가 민주주의의 지속가능성까지 위협할 수 있다는 경고가 나오면서다. 미래학자 서용석 KAIST 문술미래전략대학원 교수는 이를 고령자의, 고령자에 의한, 고령자를 위한 '실버민주주의(Silvercracy)'라고 명명한 바 있다. 그는 전체 유권자 가운데 고령인구 비중이 압도적으로 증가하면서 청년 세대와 고령 세대 간 정치적 불균형이 심화할 것이라고 지적했다. 이 같은 정치적 불균형은 경제적 불균형, 즉 경제적 자원 획득과 분배를 둘러싼 계층 간 갈등을 불러일으킬 가능성이 크다는 주장이다. 서 교수는 한 언론 인터뷰에서 "당선과 집권을 최우선 목표로 하는 정치인과 정당은 더 많은 선거권을 갖고 있는 고령 세대의 이익을 옹호할 수밖에 없을 것"이라며 "결과적으로 아직 태어나지 않았거나 미성년자여서 선거권이 없는 미래 세대와 그 수가 많지 않은 20·30대 젊은 유권자의 이해는 정치적 의사 결정에서 소외당할 수밖에 없다"고 짚었다.

서 교수는 실버민주주의의 함정에 빠지지 않기 위한 대안으로 '연령별·세대별 선거구 제도 전환'을 제안하기도 했다. 이호리 도시히로 일본 도쿄대학 교수가 처음 제안한 개념으로, 청년 세대 이익을 정책 결정에 반영할 수 있도록 설계됐다. 가령 20대와 30대를 '청년구', 40대와 50대를 '중년구', 60대 이상을 '노년구'로 선거구화하고 각 선거구에서 동일한 수의 국회의원을 배출하는 식이다. 물론 선거구별 유권자 수 비중이 지역마다 동일하지 않아 선거구의 지역 범위는 연령별로 달라질 수 있다.

저출산으로 병력 자원이 부족해져 안보에도 위협이 되고 있다. 2022년 국방백서에 따르면 우리 군의 평시 인력은 50만명 수준이다. 2020년 국방백서에선 총 55만5000명이었지만 2년 만에 10%에 달하는 5만5000명이 줄어든 셈이다. 10년 전인 2012년과 비교하면 감소세는 더욱 두드러진다. 2012년 국방백서는 우리 군 병력을 총 63만9000명으로 기술했다. 병력이 줄면서 군부대 축소도 가시화하고 있다. 2010년 이후 육군 사례만 보더라도 2019년 1월 1일 육군 제1야전군사령부와 제3야전군사령부가 지상작전사령부로 통합됐다. 사단급의 경우 2018년 이후 육군 26 · 20 · 57사단이 각각 8 · 11 · 56사단에 통합됐다. 이 밖에 76사단을 시작으로 71사단(2016년), 61 · 65사단(2017년), 30사단(2020년), 23사단(2021년), 27사단(2022년)이 문을 닫았다.

한국국방연구원(KIDA)에 따르면 20세 남성인구는 2020년 33만여 명에서 2023년 25만명, 2040년에는 14만여 명 수준으로 쪼그라든다. 20년 사이 병력 자원이 절반 이하로 뚝 떨어진다는 의미다. 그런데 2022년 KIDA가 발표한 '2040 국방인력운영체계 설계방향'은 현행 육군 복무기간 18개월을 기준으로 2025년 우리 군 병력 규모에 대해 병사 30만명에 간부 20만명 등 총 50만명을 목표로 하고 있어 상당한 괴리가 발생할 전망이다.

2050년 대한민국 목표 인구는

국가의 미래가 걸린 절체절명의 인구 위기를 해결하려면 무엇부터 시작해야 할까. 우선 목표인구부터 정해야 한다. 목표인구는 경제 성장에 필요한 최소한의 인구 수요를 의미한다. '인구 소멸'이라는 말이 나올 정도로 전례 없는 초저출산 위기를 경험하고 있는 한국은 향후 출산율이 목표인구를 달성할 만큼 충분히 높아질 것으로 담보하기 어렵다. 이 경우 실제인구(공급)와 목표인구(수요) 간 인력 수급 차이가 발생할 수밖에 없는데, 이를 극복하기 위한 대책이 필요하다. 또 인구 목표치를 설정해야 한정된 자원 내에서 제대로 된 인구 정책을 세우고 평가도 할 수 있다.

매일경제와 한반도미래인구연구원(한미연)은 장래 취업계수와 실질 국내총생산(GDP) 전망치, 기술 혁신에 따른 생산성 증대 효과 등을 적용해 목표인구를 산출했다.

취업계수는 실질 GDP 10억원을 생산할 때 필요한 취업자 수를 뜻한다. 취업계수는 경제학적 관점에서 인구 수요를 전망하는 데 핵심적인 지표다. 우선 2000년부터 2022년까지 23년간 취업계수를 활용해 2025~2050년의 취업계수를 추산했다. 이 취업계수 예측치에 실질 GDP 전망치와 4차 산업혁명 시대 기술 혁신에 따른 생산성 향상 효과를 적용해 경제 활동의 주축이 되는 생산가능인구(만 15~64세)를 추정했다.

실질 GDP 전망치는 국책 연구기관인 한국개발연구원(KDI)이 2022년에 제시한 장기경제성장률 전망치를 활용했다. 15세 미만과 65세 이상 피부양인구

적정인구→시나리오별 인구 수급 전망

(단위: 만명)

구분	저위		기술혁신(10% 증대)	
2025년	5,150	4,910	4,950	5,000
2030년	5,051	4,957	5,062	5,197
2035년	4,929	5,968	5,134	5,353
2040년	4,774	5,029	5,255	5,559
2045년	4,575	4,932	5,223	5,538
2050년	4,330	4,807	5,160	5,584

시나리오별 장기 경제성장률

(단위: %)

구분	비관	중성장	낙관
2023~2030년	1.5	1.9	2.4
2031~2040년	0.9	1.3	1.8
2041~2050년	0.2	0.7	1.1

자료: 통계청 2022~207년 장래인구추계

는 기술 혁신에 따른 생산성 향상 효과를 적용하기 어렵기 때문에 외생 변수로 보고 통계청의 장래인구추계를 활용했다. 즉 목표인구는 미래 생산가능인구에 피부양인구 추계를 합친 것이다.

통상 목표인구는 경제 성장 전망이 밝을수록 늘어나고, 기술 혁신이 강화될수록 줄어든다. 취업계수 예측치에 적용한 실질 GDP 전망치는 한국 경제가 비관도 낙관도 아닌 중성장을 할 것으로 가정했다. 기술 혁신에 따른 생산성 증대 효과는 과거 산업혁명 시대 생산성이 5~10% 수준으로 향상됐다는 점을 고려해 최대치인 10%의 영구적 생산성 증대를 가져올 것으로 봤다. 피부양인구는 통계청 장래인구 저위 추계를 적용했다. 이렇게 추정한 2050년 한국의 목표인구는 5160만명이다. 2024년 1월 말 기준 한국의 총인구수는 5131만명이다. 한국이 '인구 5000만명' 사수에 전력을 다해야 하는 이유다.

요람은 비었고, 무덤은 사라졌다

한국 인구 위기의 핵심은 경제의 중추적 역할을 맡고 있는 생산가능인구 부족이 심각하다는 점이다. 인구학적인 관점에서 생산가능인구란 경제 활동을 할 수 있는 만 15~64세 인구를 말한다. 매일경제와 한반도미래인구연구원(한미연)이 2025~2050년 추정한 생산가능인구 목표치와 통계청 장래인구 저위 추계에 따른 공급인구의 차이를 보면 2025년은 199만명으로 생산가능인구 목표치를 충족하기 위한 인력 공급이 충분하다. 그러나 2030년부터 정반대 상황이 벌어진다. 생산가능인구 목표치보다 11만명이 부족해지면서 인구 절벽 충격의 서막이 오를 것으로 보인다. 2030년부터 생산가능인구 목표치와 공급인구 전망치 간 차이는 갈수록 커지면서 2050년엔 827만명에 달할

것으로 추산된다. 2023년 말 기준 부산시 인구가 329만명이었는데, 단순 계산으로 2050년 부산시 인구의 약 2.5배가 부족해진다. 나라로 치면 스위스(2021년 기준 인구 870만명)만큼 인구 공백이 발생하는 셈이다.

극심한 생산가능인구 부족 현상을 겪을 가능성도 배제할 수 없다. 통계청은 미래 공급인구를 전망할 때 낙관적(고위 추계), 중립적(중위 추계), 비관적

생산가능인구 수급 차이

(단위: 만명)

구분	인구 수급 차이
2025년	199
2030년	-11
2035년	-205
2040년	-481
2045년	-648
2050년	-827

합계출산율(2023~2072년)

(단위: 가임 여자 1명당)

가정	2023년	2024년	2025년	2026년	2027년	2028년	2029년	2030년	2035년	2040년	2050년	2072년
중위	0.72	0.68	0.65	0.68	0.71	0.75	0.78	0.82	0.99	1.05	1.08	1.08
고위	0.73	0.70	0.75	0.80	0.84	0.89	0.93	0.98	1.21	1.30	1.33	1.34
저위	0.71	0.67	0.63	0.59	0.61	0.63	0.65	0.67	0.76	0.80	0.82	0.82
출산율 현수준	0.78	0.78	0.78	0.78	0.78	0.78	0.78	0.78	0.78	0.78	0.78	0.78
출산율 OECD 평균	0.81	0.83	0.86	0.88	0.91	0.94	0.96	0.99	1.12	1.25	1.47	1.58

자료: 통계청

(저위 추계) 등 세 가지 시나리오를 제시한다. 매일경제와 한반도미래인구연구원이 인구 공급 전망치로 활용한 저위 추계는 합계출산율이 2026년 0.59명까지 떨어졌다가 2035년 0.76명, 2040년 0.8명, 2050년 0.82명으로 서서히 회복한다는 가정이다. 하지만 현재의 출산율 하락 속도를 고려하면 '장밋빛 전망'일 수 있다는 관측이 나온다.

급속한 고령화도 큰 문제다. 65세 이상 인구는 2025년 1048만명에서 2050년 1784만명으로 빠른 속도로 늘어난다. 같은 기간 목표인구에서 생산가능인구 비중은 8.1%포인트 감소하는데, 65세 이상 고령인구는 20.8%포인트 증가한다. 일각에서는 인구 감소가 축복인 만큼 기를 쓰고 출산율을 올릴 필요가 없다는 주장도 나온다. 인구 통계 분야의 세계적 전문가인 왕펑 미국 캘리포니아대 어바인캠퍼스 사회학과 교수는 인구가 줄면 유한한 생태자원에 대한 경쟁자가 줄어들고 사람이 귀해진다고 주장한다. 조엘 E 코언 미국 록펠러대 인구학 교수도 인구의 감소와 증가세 둔화는 인류에 이익을 가져다준다는 입장이다. 그러나 한국처럼 전체 인구에서 생산가능인구 비율이 낮고 고령인구 비율이 매우 높은 인구구조에서 인구 감소는 재앙에 가까울 수 있다.

생산가능인구는 부족하고 이들이 부양해야 하는 노인이 급격하게 늘어나는 인구구조는 미래 투자 감소와 재정 부담 증가 등 국가 경제에 악영향을 끼칠 가능성이 높다. 한국경제인협회가 경제협력개발기구(OECD) 국가 패널 자료를 사용해 인구구조 변화가 국내총생

세계 경제 규모 예상 순위···한국은 2050년 상위권에서 빠져

구분	1980년	2020년	2022년	2050년	2075년
1위	미국	미국	미국	중국	중국
2위	일본	일본	중국	미국	인도
3위	독일	독일	일본	인도	미국
4위	프랑스	영국	독일	인도네시아	인도네시아
5위	영국	프랑스	인도	독일	나이지리아
6위	이탈리아	중국	영국	일본	파키스탄
7위	중국	이탈리아	프랑스	영국	이집트
8위	캐나다	캐나다	캐나다	브라질	브라질
9위	아르헨티나	멕시코	러시아	프랑스	독일
10위	스페인	브라질	이탈리아	러시아	영국
11위	멕시코	스페인	브라질	멕시코	멕시코
12위	네덜란드	한국	한국	이집트	일본

자료: 골드만삭스

산(GDP)에 미치는 영향을 분석한 결과 생산가능인구가 1% 감소하면 GDP는 약 0.59% 줄어드는 것으로 나타났다. OECD 국가에 대한 이전 연구에 따르면 65세 이상 인구가 1%포인트 증가하면 경제성장률은 0.2~0.6%포인트 하락한다.

골드만삭스는 한국이 저출산·고령화로 2060년부터 경제가 역성장할 것이라고 내다봤다. 2000년대 한국 평균 경제성장률은 2%였지만 인구 위기 여파로 2040년대 0.8%, 2050년대 0.3%, 2060년대 −0.1%, 2070년대 −0.2%로 뒷걸음질할 것으로 봤다. 2075년엔 필리핀, 방글라데시, 말레이시아 등보다 경제 규모가 뒤처질 것으로 전망했다. 저출산·고령화는 경제 수요 측면에서 시장 수요를 감소시켜 내수 기반을 축소하고, 경제 공급 측면에선 생산가능인구 감소로 인력난을 유발해 국가와 기업 경쟁력 약화를 초래하기 때문이다. 한국 경제의 국제적 위상도 급락할 것으로 보인다. 2000년과 2022년 한국은 경제 규모가 세계 12위였지만 2050년엔 상위권(1~15위)에서 빠진다.

남은 10년, 인구 r커브 그려야

통계청이 2023년 발표한 2022~2072년 장래인구 저위 추계에 따르면 총인구(공급인구)는 2024년부터 향후 10년간 매년 평균 19만명 안팎이 감소해 2033년엔 4981만명으로 '5000만명' 선이 무너지고, 계속 내리막길을 걸으며 2050년엔 4333만명까지 줄어든다. 이대로라면 급격한 인구 감소세도 문제지만, 인구 수요와의 차이가 악어의 입처럼 크게 벌어져 경제에 악영향이 불가피하다.

이런 인구 위기에서 벗어나려면 r커브를 만들어야 한다. 한국의 인구 그래프가 미끄럼틀 타듯 떨어지는 것이 아니라 영어 소문자 r처럼 어느 시점에는 반등해 목표인구에 서서히 다가가는 형태를 그려야 한다.

인구 r커브를 만들려면 회복과 적응의 투트랙 전략이 필요하다. 우선 출산율 하락세를 끊어내고 반등시켜야 한다. 출산율이 통계청의 중위 또는 고위 추계 수준을 따라간다면 인구 5000만명이 적어도 2040~2050년까지 유지된다. 2024년 합계출산율이 0.68명(전망치)을 기록해 0.7명대 구간이 깨질 것으로 예측되지만, 일단 1.0명 회복을 목표로 삼아야 한다.

r커브로 인구 대역전을 노려볼 수 있는 골든타임은 향후 10년이 될 것으로 보인다. 연간 60만~70만명이 태어난 1990년대생이 출산 연령대에 진입했기 때문이다. 1990년대생은 2024년 기준 25~34세다. 이들은 매년 40만명 정도 출생한 2000년대보나 압노적으로 많다. 2017년 연간 출생아 수가 30만명대로 줄었고, 2020년 20만명대로 주저

연간 출생아 수

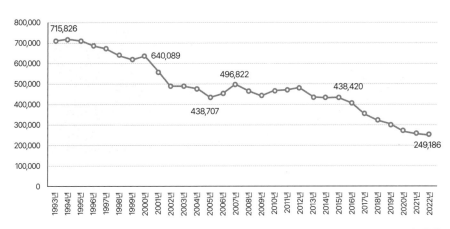

자료: 통계청

앉았다는 점을 감안하면 1990년대생이 저출산 대책의 직접 대상자로 얼마나 탄탄한 세대인지를 짐작할 수 있다. 1990년대생을 대상으로 한 저출산 대책이 가시적 성과를 거둔다면, 2000년대생에도 긍정적인 영향을 줄 수 있다. 출산율이 반등한다 해도 생산가능인구가 되려면 시간이 걸리기 때문에 외국인과 여성 인력도 경제 활동에 적극 참여시키는 것이 중요하다.

인구 r커브를 그리려면 급속한 고령화에 대비하기 위한 적응 전략도 필요하다. 1955~1974년에 태어난 베이비붐 세대가 2020년 이후부터 65세가 되면서 2025년부터 고령인구 비중이 20% 이상인 초고령사회로 진입하는 것이 확실시되고 있다. 웨어러블 로봇, 인간형 로봇, 바이오과학 등 첨단 기술을 활용해 생산가능인구로 되돌아올 수 있는 고령자를 늘리고 노인 부양비 부담은 줄여야 한다.

인구 r커브로 인구 절벽 충격에선 벗어나더라도 장기적으로 인구의 완만한 감소세를 피하기 어려울 것으로 관측된다. 인구 성장기에 설계한 국가 시스템을 미래의 인구 변화에 맞춰 바꿔나

인구 위기 직면한 한국, 인구 r커브 만들어야

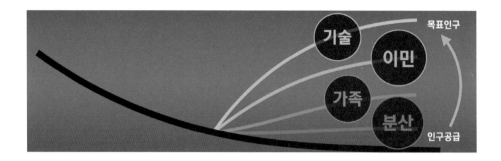

인구 r커브

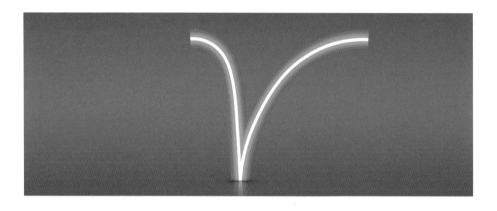

가는 노력도 중요하다.

2019년 말부터 사망자 수가 출생아 수보다 더 많은 '인구 데드크로스' 현상이 시작됐고, 2021년부터 총인구가 마이너스 성장으로 전환됐는데도 대다수 광역지방자치단체는 여전히 인구 증가를 전제로 도시기본계획을 세우고 있

다. 광역지자체의 도시기본계획·종합계획은 경제, 사회, 환경, 에너지, 교통, 문화, 복지 등 다양한 분야에 걸쳐 지역의 미래와 발전 방향을 제시하는 도시분야의 최상위 청사진이다. 광역지자체들은 이 계획에 근거해 정책을 만들고 주택과 도로 등 각종 도시기반시설을

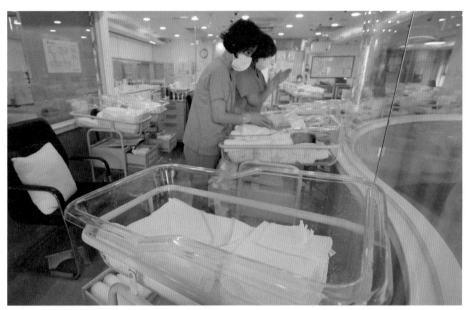

출생아 수가 감소세를 이어가면서 2023년 합계출산율이 역대 최저치인 0.72명으로 잠정 집계됐다. 서울 한 공공산후조리원의 신생아 요람이 텅 비어 있다.
자료: 매경DB

설계한다. 미래 인구를 '뻥튀기'할 경우 예산·자원 낭비가 우려된다.

2040 종합계획을 수립 중인 경기도를 제외한 16개 광역지자체 가운데 2030~2040년 도시기본계획·종합계획의 계획인구를 2023년 인구보다 적게 추산한 곳은 서울과 경북, 전남 등 3곳에 그쳤다. 부산은 2040년 도시기본계획에서 2040년 계획인구를 350만명으로 추산했다. 이는 2030년 도시기본계획 때 추산한 것(410만명)보다 적지만 2023년 인구(329만명)보다 여전히 많다. 강원도는 2040년 종합계획에서 계획인구를 2023년보다 21만명 많은 173만명으로 추정했다. 충북과 충남은 2040년 종합계획에서 계획인구를 각각 174만명, 236만명으로 잡았는데, 이는 2023년과 비교하면 각각 15만명, 23만명 많다. 광역지자체들이 미래 인구를 부풀리기보다 인구 감소에 대비하는 등 현실적인 계획을 세워야 한다는 지적이 나온다.

2부

대한민국
인구대역전의 시작

21세기형 커뮤니티로
가족 되살리자

산업·도시화에 늘어나는 핵가족

한국은 1960년대 산업화와 도시화를 겪으면서 산업사회에 적합한 모습으로 가족 형태가 변했다. 사람들은 직업을 구하고 교육을 받기 위해 도시로 향했고 이동의 편의를 위해 대가족 또는 확대가족이 핵가족(부부와 미혼 자녀로 이뤄진 가족 형태)으로 바뀌었다. 한국 산업사회학회에 따르면 산업화 시기에 시작된 산아제한 정책은 인구뿐 아니라 가족의 수를 줄이는 데도 기여했다. 산업화나 도시화가 고도화된 1980년대 중반 이후에는 가족의 관념이나 관계의 범위가 핵가족에 더욱 비슷해졌다. 결혼은 가족 간의 결합이기보다 개인의 선택 문제로 바뀌었다. 이재경 이화여대 여성학과 명예교수는 2005년 "전통적 부계가족의 가치가 핵가족의 근대적 요소에 의해 약화되고 대체되는 변화가 진행됐다"고 분석했다.

1990년대 중반 이후 핵가족적 특성이 매우 약화되기 시작했다. 독신 가구가 늘고 핵가족이 줄며 결혼을 늦게 하거나 안 하는 등 정상 가족 규범이 약화되는 방향으로 바뀐 것이다. 여기에는 1997년 IMF 외환위기의 영향이 컸다. 한국보건사회연구원(보사연)은 2020년 '한국 가족의 변동 특성과 정책적 함의: 1997년 외환위기 이후 변화를 중심으로' 보고서에서 "IMF 외환위기는 가족의 물질적 조건을 약화시켰고 여기서 많은 변화가 이어졌다"면서 "외환위기를 계기로 확산되기 시작한 한국의 신자유주의적 사회 변화, 기업의 구조조정 확대와 고용 불안의 증가가 본격적으로 진행됐다"고 분석했다. 이어 "가족 변화 관점에서 외환위기는 그동안 공고한 것으로 인식되고 주장됐던 한국적 핵가족의 형태와 속성을 약화시키고 이전과 다른 변화의 국면을 진전시켰다"면서 "이 과정에서 가족의 정상성에 대한 물음과 다양성의 포용이 중요한 쟁점으로 대두됐다"고 지적했다.

이 교수에 따르면 정상 가족 규범은 특정 형태의 가족을 바람직한 것으로 보고 이와 다른 유형의 가족들과 위계를 형성하지만, 가족 다양성 담론은 가족생활에 대한 보편적 기준을 만들지 않고 다른 형태의 가족들을 제도적으로 동등하게 바라본다. 1994년 유엔이 정한 가족의 해 이후 가족 정상성(normality)의 대항 담론으로 가족 다양성(diversity) 담론이 확산됐다.

한국의 경우 1980년대 이후 초혼 연령 상승에 따른 만혼화 현상과 이혼으로 나타난 결혼 지속성 약화를 예로 들수 있다. 혼인율이 줄고 초혼 연령이 오르며 이혼과 재혼이 늘어나는 현상은 한국 사회에서 결혼 규범이 약화되고 있음을 보여준다는 설명이다. 보사연은 "외환위기 이후의 가족 변화는 결국 1960년대 이후 한국 사회에 강력하게 자리 잡은 이른바 '정상 가족' 모델의 해체를 보여준다"고 평가했다. 독신 가구가 늘고 부부와 자녀 중심의 핵가족 비중이 주는 등 가족 형태가 바뀌면서 2000년대 이후 한부모 가족, 동거 가족, 공동체 가족 등 신가족 혹은 대안 가족이 나타나기 시작했다. 동시에 성별 분업이 약화되고, 기혼 여성이 경제 활동에 참여하면서 맞벌이 가구가 크게 늘었다.

더 잘게, 더 외롭게 "나 혼자 산다"

정상 가족 규범의 약화는 2000년대 들어 더욱 심화됐다. 네 명이 한 가족을 이루던 1990년대와 달리 2020년에는 평균 가구원 수가 2.4명으로 쪼그라들었다.

보사연에 따르면 우리나라 가족원 규모를 보여주는 평균 가구원 수는 1990년대에 3.77명에서 3.12명으로 10년간 0.65명이 줄었다. 2000년대에는 같은 기간 3.12명에서 2.69명으로 0.43명이 감소했고, 2010년대에는 2.69명에서 2.40명으로 0.29명이 줄었다. 지난 30년간 우리나라 평균 가구원 수가 1.37명 줄어든 것이다.

평균 가구원 수 및 가구원 수별 가구 변화

단위: 명, %

구분	평균 가구원 수	가구원 수별 가구 분포					계
		1인 가구	2인 가구	3인 가구	4인 가구	5인 이상 가구	
1990년	3.77	9.0	13.8	19.1	29.5	28.6	100
1995	3.4	12.7	16.9	20.3	31.7	18.4	100
2000	3.12	15.5	19.1	20.9	31.1	13.4	100
2005	2.88	20.0	22.2	20.9	27.0	9.9	100
2010	2.69	23.9	24.6	21.3	22.5	7.7	100
2015	2.53	27.3	26.1	21.5	18.8	6.3	100
2020	2.4	30.3	28.0	21.0	15.8	4.9	100

자료 1) 통계청. (1985~2000). 인구 및 주택 센서스 보고서
　　　2) 통계청. (2005~2015). 인구주택총조사
　　　3) 통계청. (2016). 장래가구특별추계: 2017~2047

연도 및 가족 유형별 변화

단위: %

구분	핵가족	확대가족	1인 가구	비혈연가구	기타	계
1990년	68.0	12.5	9	1.5	9.0	100.0
1995	68.6	10	12.7	1.4	7.4	100.0
2000	68.3	8.4	15.5	1.1	6.6	100.0
2005	65.0	7	20	1.4	6.6	100.0
2010	61.6	6.2	23.9	1.2	7.1	100.0
2015	58.6	5.5	27.3	1.1	7.6	100.0
2020	55.6	4.4	30.3	1.7	8.0	100.0

주석: 1) 1990년 기타가구에는 기타 1세대가구, "부부, 양친", "부부, 편부모", "부부, 부부의형제자매", 기타 2세대가구 포함
　　　2) 1995년 기타가구에는 기타 1세대가구, "부부, 양친", "부부, 편부모", "부부, 자녀, 부부의 형제 자매", "조부모, 손자녀", 기타 2세대가구 포함
　　　3) 2000~2005년 기타가구에는 "부부+형제자매", "부부+기타친인척", "가구주+형제자매", "가구주+기타친인척", 기타 1세대가구, "부부+양친", "부부+ 한부모(편부모)", "부부+자녀+부부의 형제자매", "조부모+손자녀", 기타 2세대가구 포함
　　　4) 2010 ·2015년 기타가구에는 "부부+미혼형제자매", "부부+기타친인척", "가구주+비혼형제 자매", "가구주+기타친인척", 기타 1세대가구, "부부+양친", "부부+한부모", "조부모+미혼 손자녀", "조부 또는 조모+미혼손자녀", "부부+미혼자녀+부부미혼형제자매", 기타 2세대가구 포함.
　　　5) 2020년 기타가구에는 "가구주+미혼형제자매", "1세대 기타", "부부+미혼자녀+부부형제자매", "기타 2세대" 가구 포함.

자료: 1) 통계청. (1985~2000). 인구 및 주택 센서스 보고서
　　　2) 통계청. (2005~2015). 인구주택총조사

이는 가구원 수별 가구 분포에도 반영돼 있다. 1990년대에 22.8%에 그쳤던 1·2인 가구 비중은 지난 30년간 크게 늘어 58.3%를 차지했다. 전체 10가구 중 6가구가 1·2인 가구다. 반면 5인 이상 가족 비중은 1990년 28.6%에서 2020년 4.9%로 뚝 떨어졌다.

1인 가구 수는 특히 지난 30년간 6배나 늘었다. 1990년 1021가구이던 1인 가구는 2020년 6166가구로 증가했다. 보사연에 따르면 1인 가구의 성별 비중은 1995년에는 여성이 남성보다 15.8%포인트 높았지만 2015년 남녀 간 차이는 0.4%포인트로 성별 차이가 거의 없는 것으로 나타났다. 1990~2000년대에는 30대 이하의 1인 가구가 많았지만,

갈수록 40~64세 1인 가구가 늘어나는 것에 대해 보사연은 "2000년대 이전에는 젊은 연령층의 학업으로 인한 분거 비중이 높았던 반면, 2010년대 이후로 오면서 직장 이동과 만혼화·비혼화에 따른 중장년층의 분거 비중이 높아졌다는 것을 의미한다"고 설명했다.

1인 가구 증가 속도만큼 한국의 평균 초혼 연령 상승 속도도 빨라지고 있다. 남성보다 여성의 만혼화 현상이 더 급격히 진행됐는데, 1970년대생 여성의 미혼율이 유독 높은 것으로 나타났다. 보사연은 여성의 미혼율을 추정한 기존 연구를 인용해 미혼율이 1944년 출생 코호트는 약 1.24%, 1954년 출생 코호트는 2.59% 수준으로 매우 낮게 나

미혼 여성 코호트

단위: %, 세

구분	출생 코호트			
	1944년	1954년	1964년	1974년
20세	74.97	81.74	91.06	96.78
30세	3.97	6.94	11.41	28.35
40세	1.24	2.59	4.23	12.07
중앙값	22.03	23.07	24.63	27.02

자료: 우해봉, 이지혜 (2019) 한국의 혼인과 출산 생애 분석과 정책과제. 세종: 한국 보검사회 연구원

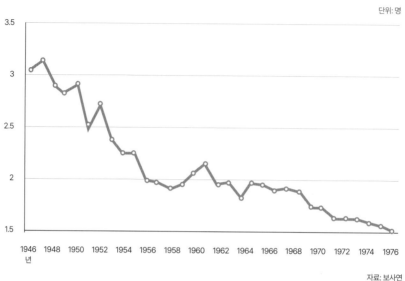

코호트 출산율

단위: 명

자료: 보사연

타났지만, 1970년대 출생 코호트는 12.07%로 크게 높아지는 것으로 나타났다고 전했다.

1970년대생 코호트 이후 1980년대생 코호트에서는 더 큰 이질성을 보였다. 1983년생 이전까지는 하락한 혼인율이 지연 회복되는 만혼 현상이 관찰되지만, 1984년생 이후부터는 전년도 출생자에 비해 대부분의 연령대에서 혼인율이 낮아지고 있다는 것이다. 이는 세대 단절과 혼인 기피 현상으로 해석된다.

초혼 연령의 상승과 만혼화 현상으로 여성의 가임 기간은 더욱 단축될 것으로 보인다. 늦게 결혼하면 아이를 늦게 낳게 되고, 늦은 출산은 조기에 출산을 종료하게 할 가능성을 높이기 때문이다. 특히 1970년대 출생 코호트부터 코호트 합계출산율이 가파르게 하락했는데 보사연은 "이런 추세는 강화되거나 최소한 지속될 가능성이 크다"고 전망했다.

점점 절실해지는 '엄마의 엄마찬스'

결혼을 늦게 하거나 하지 않고, 출산을 늦게 하거나 하지 않는 것은 여성의 경제 활동 참여와 관련이 깊다. 가족의 경제 활동 변화는 전체 가족 변동에서 중요한 요인 중 하나이기 때문이다.

한국에서 여성의 경제 활동 참여가 부각된 시기는 1990년 무렵부터다. 한국보건사회연구원(보사연)은 여성의 고학력화와 성평등 의식의 확산 등이 영향을 끼쳤다고 봤다. 배은경 서울대 사회학과 교수는 "1997년 외환위기 이후부터는 남성 생계 부양자 모델이 약화됐고 기혼 가구의 맞벌이 증가 추세가 두드러졌다"고 분석했다.

보사연의 전국 출산력 및 가족 보건·복지 실태조사에 따르면 여성의 경제 활동 참가율은 1990년대 47%를 유지하다가 1996년 49.8%까지 증가했지만 1997년 외환위기 다음 해에 크게 하락했다. 이후 다시 이전 수준을 회복해 2012년까지 49% 선을 유지했다. 2013년부터는 상승세를 보이며 2019년 53.5%에 달했다.

특히 학력 수준에 따라 경제 활동 참가율에 큰 차이가 있었다. 대학 졸업자에 비해 전문대 졸업자의 경제 활동 참가율이 더 높고 1997년 이후 전반적으로 상승세를 보였는데, 2013년부터 전문대 졸업자와 대학 졸업자의 격차가 거의 좁혀지고 상승 추세가 더욱 뚜렷해진 것이다. 이를 두고 보사연은 "1970년대 초반 출생자가 40세에 도달하고 1980년대 후반 출생자가 25세에 도달하는 지점인 2013년에 이 두 집단의 노동시장 진입 효과가 반영된 것으로 보인다"고 분석했다.

경제 활동에 참가하는 여성이 늘면서 맞벌이 가구 비율도 동반 상승했다. 맞벌이 가구 비율은 1991년 32.1%에서 꾸준히 올라 2018년 55.7%를 기록했다. 1997년 외환위기와 2008년 글로벌 금융위기 직후에만 비율이 잠시 주춤했다.

결혼한 여성의 연령 집단별로 맞벌이 가구 비율을 살펴보면 20대 기혼 여성의 맞벌이 비율은 1991년 24.2%에서 2018년 42.6%로 두 배 가까이 증가했다. 30대 기혼 여성의 맞벌이 비율도 1991년 32.5%에서 2018년 50.6%로 1.5배 넘게 확대됐다. 40대 기혼 여성의 맞벌이 비율은 1991년 38.6%에서 2018년 61.6%로 23%포인트나 늘었다.

성별 경제 활동 참가율

단위: %

[그래프: 1990년부터 2018년까지 남자와 여자의 경제 활동 참가율. 남자는 약 73~76% 수준, 여자는 약 46~53% 수준으로 표시됨]

─●─ 남자   ─○─ 여자

자료: 보사연, 통계청, 경제활동인구조사, 각 연도.

교육 수준별 경제 활동 참가율

단위: %

남성

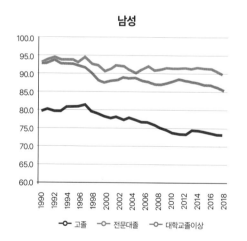

─●─ 고졸   ─○─ 전문대졸   ─○─ 대학교졸이상

여성

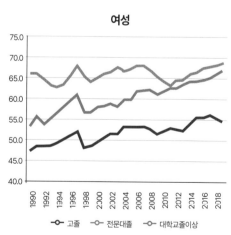

─●─ 고졸   ─○─ 전문대졸   ─○─ 대학교졸이상

자료: 보사연, 통계청, 경제활동인구조사, 각 연도.

전체 기혼 여성(15-49세) 맞벌이 가구 비율

단위: %

구분	1991년	1994	1997	2000	2003	2006	2009	2012	2015	2018
홑벌이	67.9	55.6	55.9	57.7	50.5	51.0	54.7	50.5	47.6	44.3
맞벌이	32.1	44.4	44.1	42.3	49.5	49.0	45.3	49.5	52.4	55.7
N	7015	5810	6233	6010	6735	6757	5803	6879	10464	10679
전체	100.0	100.0	100.0	100.0	100.0	100.0	100.0	100.0	100.0	100.0

자료: 보사연, 통계청, 경제활동인구조사, 각 연도.

연령대가 높을수록 맞벌이 가구일 가능성이 컸는데, 이는 출산·육아 기간 경력이 잠시 단절됐다가 다시 경제 활동에 참여하는 일반적인 추세가 반영된 것으로 풀이된다. 20대 연령층은 전체 관찰 기간 동안 홑벌이가 맞벌이보다 늘 더 많았지만, 30대 연령층은 2009~2015년에는 홑벌이 가구가 더 많았고 2018년엔 맞벌이 가구가 더 많아졌다. 40대 연령층은 1991년에는 홑벌이 가구가 더 많았지만, 1994년부터 계속 맞벌이 가구가 더 많았다. 보사연은 "40대 연령층은 출산을 끝내고 다시 경제 활동에 참여하는 추세가 점차 강화되는 것으로 보인다"고 분석했다.

자녀 수와 맞벌이 간 상관성도 사라지고 있는 것으로 나타났다. 과거에는 자녀가 없거나 아예 많은 경우(3명 이상)에 맞벌이 가구일 가능성이 높았는데, 최근 들어 통계적 유의성이 사라지고 오히려 자녀가 적을수록 맞벌이 가구일 가능성이 있는 것으로 나타났다. 소득계층에 따라서는 낮은 소득집단의 맞벌이 비율이 20% 수준에서 점차 감소하는 추세인 데 비해 상위 소득계층은 2000년 맞벌이 비율이 58.7%에서 2018년 76.3%까지 증가했다.

여성의 경제 활동이 증가하면서 자연스럽게 남성의 가사·양육에 대한 요구가 늘고 있다. 하지만 실제 기혼 남성의 가사·양육노동 참여가 미미해 여성이 이중 부담을 겪고 있고, 이러한 상황이 저출산에 영향을 미치는 것으로 알려져 있다. 여성이 '직장이냐 아이냐'

를 선택받고 있고 어쩔 수 없이 둘 중 하나를 포기하는 일이 많아진 것이다.

특히 2012년 무상보육이 시행되기 전에는 어쩔 수 없이 직장을 그만둔 여성이 더 많았던 것으로 나타났다. 김은주 부산대 유아교육과 교수와 서영희 동부산대 사회복지과 전임강사는 2012년 무상보육이 실시되기 전 전업주부를 대상으로 양육 경험을 연구한 결과 개인적인 의지로 전업주부가 된 것보다 상황상 여성이 사회생활을 하지 않고 아이를 양육하는 것이 낫다는 판단에 의한 결과로 가정 내에서 엄마의 역할을 선택하게 되는 등 타의에 의해 전업주부화된 사례가 많다고 지적했다. 보사연은 기존 연구를 인용해 "이러한 상황은 일하는 여성의 가족의 경우 아동 양육에 조부모의 돌봄 지원이 가능하다면 이에 의지할 수밖에 없는 구조를 만들었다"고 강조했다.

무상보육 이후 여성들은 아이를 돌봄 시설에 맡기고 출근할 수 있게 됐지만 가사와 퇴근 후 양육 부담은 줄지 않았다. 고착화된 성역할 구분 때문이다. 보사연은 "맞벌이 가족의 여성은 일도 하고 주 양육자로서의 역할도 해야 하는 상황에 놓여 양육 스트레스 문제나 이를 피하기 위해 출산 자체를 기피하는 현상이 일어나는 등 남녀 양육 참여에 대한 평등의 문제가 꾸준히 제기되고 있다"고 지적했다.

결국 경제 활동을 하는 여성들은 아이를 직접 돌보지 못하고 조부모 등에게 도움의 손길을 요청하는 경우가 많아졌다. 인구주택총조사에서 오전 9시~오후 6시에 만 0~5세 아동의 돌봄 형태를 조사한 결과 친조부모(또는 외가)가 돌봐주는 가정이 크게 늘었다. 0세 기준 2000년에 9.1%였던 조부모 돌봄 비율은 2010년 14.4%까지 올랐다가 2015년 12%로 두 자릿수를 차지했다. 부모가 통상 1년의 육아휴직을 사용하고 복직하는 만 1세 때는 조부모의 돌봄 비중이 2000년 11.2%에서 2010년 14.8%로 꾸준히 늘었으나 무상보육이 실시된 이후 소폭 줄어 13.3%를 기록했다. 여성이 경제 활동을 하는 경우에 가족의 경제 수준이 높을수록 가족 내 돌봄 비율이 높다는 보사연의 분석도 의미심장하다.

여성의 경제 활동 참가율이 높은 싱가포르는 맞벌이 부부가 자녀 양육을 위해 조부모의 도움을 많이 받고 있다는 점에 착안해 싱가포르 시니어 세대를

0~5세 아동 돌봄 형태

단위: %, 명

구분		부모	조부모(친가, 외가)	기타 가족 또는 친인척	가사 도우미, 이웃 사람	유치원	놀이방, 어린이집	기타 보육 시설	학원(예체능 포함)	혼자 또는 아동끼리 지냄	기타	명	단일 응답률[3]	복수 응답률[4]
2000년	0세	86.9	9.1	1.3	1.5	0.1	0.5	0.4	0.1	0.1	0.2	602,611	97.8	2.2
	1세	80.8	11.2	1.2	1.5	0.2	1.9	2.4	0.2	0.4	0.1	617441	96.4	3.6
	2세	72.6	9.7	1.2	0.8	1.5	7.1	5.2	1.2	0.5	0.2	691547	91.5	8.5
	3세	59.3	7.3	0.9	0.5	8.1	13.2	5	4.6	0.9	0.2	778457	79.5	20.5
	4세	46.1	5.9	0.7	0.4	20.1	13	3.2	9.3	1.2	0.1	878953	66	34
	5세	41.3	5	0.6	0.4	28.8	8.9	1.6	11.6	2	-	962820	58.2	41.8
2005년	0세	84.3	10.1	1.5	1.6	0.2	1.8	0.1	0.3	-	0.3	423457	96	4
	1세	76.2	13.1	1.6	1.7	0.4	6.2	0.2	0.4	-	0.2	484,500	93.1	6.9
	2세	68.6	10.2	1.2	1.1	1.4	15.8	0.3	1	0.3	0.2	540,152	86.4	13.6
	3세	56.1	8.4	1	0.6	5.9	24.7	0.4	2.3	0.5	0.2	625,716	73.4	26.6
	4세	47.6	6.6	0.8	0.4	15.6	23.7	0.4	4.2	0.7	0.1	762,490	60.8	39.2
	5세	43.7	6.1	0.7	0.4	24.1	17	0.2	6.5	1.1	0.1	892,961	55	45
2010년	0세	75.9	14.4	1.5	2.4	-	5	0.2	-	-	0.5	470,678	94.1	5.9
	1세	61.1	14.8	1.3	2.3	-	20.2	0.1	-	-	-	466,197	90.2	9.8
	2세	45.5	11.9	1.1	1.2	-	39.9	0.3	-	-	0.1	537,525	83	17
	3세	34.5	8.8	0.9	0.8	6.8	46.8	0.7	0.6	0.1	0.1	579,949	74.4	25.6
	4세	31.1	7.3	0.7	0.6	23.1	34.8	0.7	1.2	0.4	-	568,756	67.7	32.3
	5세	29.9	7.2	0.8	0.7	32.3	24.4	0.8	3.2	0.8	-	571,959	65.4	34.6
2015년	0세	80.8	12	0.7	2.3	-	3.8	0.4	-	-	0.2	465,775	90.5	6.5
	1세	60.7	13.3	0.7	1.5	-	23.4	0.4	-	-	-	496,524	83.3	16.7
	2세	40.5	9.4	0.8	1.1	-	47	1.1	0.2	-	-	579,213	67.8	32.2
	3세	33.3	7.9	0.5	0.87	5.5	50.5	1.2	0.2	-	-	652,385	61.9	38.1
	4세	30.7	7.7	0.5	0.7	24.7	33.1	1.2	1.5	-	-	655,012	60.3	39.7
	5세	30.3	7.3	0.6	0.5	32.5	22.2	1.1	5	0.3	0.1	638,237	58.1	41.9

자료:통계청. (2020) 각 연도 인구주택총조사. 2% 샘플. 원자료 분석

주: 1)만 나이 기준으로 작성
2)% 및 합계는 응답을 기준으로 함
3)(무응답자 제외) 전체 응답자 중 주된 보육형태를 묻는 문항에 1개 응답한 자의 비율
4)(무응답자 제외) 전체 응답자 중 주된 보육형태를 묻는 문항에 2개 응답한 자의 비율

위한 주거단지를 신혼부부가 많이 사는 지역에 배치했다. 자녀 양육과 부모 돌봄 등 돌봄 공백 문제를 집을 통해 풀어낸 것이다. 2024년 1월 30일 싱가포르 우드랜즈 지역의 '캄풍 애드미럴티(Kampung admiralty)'를 찾았다.

세대 간 유대로 돌봄 공백 해소하는 싱가포르

유치원생들이 하원하는 오후 4시. 백팩을 멘 할아버지가 유치원 앞에서 초인종을 누른다. 일하는 부모 대신 손녀를 데려가기 위해서다. 맞벌이 부부가 많은 한국에서도 흔히 볼 수 있는 광경이지만 싱가포르에는 한 가지 다른 점이

있다. 할아버지가 사는 아파트 안에 유치원이 있다는 점이다. 이 아파트 6층에는 유치원과 노인 커뮤니티시설이 나란히 들어서 있어 조부모가 여가 시간을 보내며 일하는 부모를 대신해 손주들을 돌본다.

이곳은 싱가포르에서 신혼부부가 많이 거주하는 우드랜즈 지역의 '캄풍 애드미럴티(Kampung admiralty)'다. 싱가포르 도심에서 북쪽으로 지하철을 50여 분 타고 가면 지하철역과 연결된 이 아파트가 한눈에 들어온다.

104가구의 원룸 아파트에는 55세 이상인 사람만 살 수 있는데, 우드랜즈에 거주하거나 결혼한 자녀가 우드랜즈에 살고 있을 경우 입주 우선권을 갖게 된다. 이 때문에 근처에 사는 젊은 부부가 캄풍 애드미럴티에 사는 자신의 부모에게 자녀를 맡기고 출근하는 게 일상적이다. 원룸 아파트와 의료센터, 육아센터, 상가 등 모든 시설이 한 지붕 아래에 있어 편리한 이곳을 1억원 미만 가격에 30년간 빌려 쓸 수 있다. 캄풍 애드미럴티는 세대

2024년 1월 30일 싱가포르 캄풍 애드미럴티의 '마이 퍼스트 스쿨' 유치원 하원 시간에 백팩을 멘 할아버지가 손녀를 데리고 가고 있다.　　　　　　　　　　　　사진: 싱가포르 권한울 기자

싱가포르 우드랜즈의 캄퐁 애드미럴티. 세대 간 유대를 장려하기 위해 보육시설과 노인센터를 통합 개발해 공동 배치한 주거단지다.　　　　　사진: WOHA

간 유대를 장려하기 위해 보육시설과 노인센터를 통합 개발해 공동 배치한 최초의 주거단지다. 싱가포르 시니어 세대를 위해 주택발전국(HDB)이 건축 디자인 회사 WOHA와 손잡고 만들어 2018년 세계건축대상을 받았다.

2024년 1월 30일 오후 방문한 캄퐁 애드미럴티의 널찍한 광장에서는 편안한 차림의 노인들이 하나둘 모여 쉬고 있었다. 다양한 음식이 뷔페식으로 준비된 2층의 호커센터(Hawker Center)에

서는 노인들이 삼삼오오 담소를 나누며 음식을 먹고 있었다. 맞벌이 부모를 대신해 할아버지·할머니가 유치원 수업을 마친 손주와 간식을 먹는 모습도 심심치 않게 볼 수 있었다. 학교가 끝나고 친구들과 음식을 먹으며 이야기를 나누는 초·중학생들도 있었다. 호커센터는 한국의 푸드코트와 비슷하지만 좀 더 서민적인 분위기로, 음식을 주문하면 테이블로 배달해준다.

엘리베이터를 타고 6층에 도착하자 단

체로 운동 수업을 마친 할머니들이 쏟아져 들어왔다. 이 아파트는 거주민 간 사회적 관계가 평상시 잘 이뤄지지 않는다는 점에 착안해 서로 상시에 만날 수 있도록 설계됐다. 캄풍 애드미럴티를 디자인한 펄 치(Pearl Chee) WOHA 디렉터는 '브레인스톰 디자인 2019' 행사에서 "그들의 동선을 파악해 평상시에 자연스럽게 만날 수 있도록 하는 데 집중했다"고 말했다. 그는 또 "커뮤니티 플라자를 만들어 매일 이벤트를 연다"며 "라인댄스, 줌바댄스, 요리 강습, 미술 강습 등 다양한 프로그램에 참여해

삶의 질도 높이고 이웃 간 소통도 늘릴 수 있다"고 말했다. 삼대가 함께 어우러져 살 수 있도록 매일 노래하고 춤추고 요리할 수 있도록 패밀리 가든을 만든 것도 큰 특징 중 하나다. 30명 정도밖에 이용하지 않던 커뮤니티 플라자 프로그램에 수백 명이 참여하고 있다는 점에서 싱가포르 정부는 이 공공주택 개발이 성공적이었다고 자평했다.

아파트 6층과 7층에는 노인 커뮤니티센터와 유치원이 나란히 배치돼 있다. 노인들이 저마다 여가 시간을 보낸 후 유치원 하원 시간에 맞춰 아이를 찾은

캄풍 애드미럴티 1층의 널찍한 광장(왼쪽)과 2층의 호커센터(오른쪽).

사진: 싱가포르 권한울 기자

6층 놀이터에서 아이들이 야외 활동을 하고 있다.

사진: 싱가포르 권한울 기자

뒤 부모가 퇴근하기 전까지 돌보는 게 가능하다. 아파트 1층에나 있을 법한 놀이터와 공중정원은 6층에 있다. 중간중간 놓인 벤치에서는 학생들이 공부를 하고 있다.

3층과 4층에는 병원이 자리 잡고 있다. 정형외과, 안과, 한의원, 재활의원은 물론 심리센터, 당뇨병센터, 배움센터도 있다. 차 타고 멀리 나가기 어려운 노인들을 위한 배려가 돋보였다. 인근에 사는 사람들도 누구나 이용할 수 있다. 아이들을 위한 발달센터와 약국도 3층에 마련돼 있다. 최근에는 1층에 긴급치료센터가 새로 만들어졌다.

캄풍 애드미럴티가 자녀 돌봄 공백 문제만 해결하는 것은 아니었다. 청록색 유니폼을 입은 직원들이 몸이 불편한 노인들이 탄 휠체어를 밀고 이동하는 모습도 건물 곳곳에서 볼 수 있었다. 일 하랴 아이들 키우랴, 부모까지 돌볼 여력이 부족한 자식들을 대신해 정부가 노인들의 손과 발이 돼주고 있었다.

싱가포르는 일하는 부모 대신 조부모가 손주를 돌보고, 노쇠한 부모 곁에 자녀가 거주하며 수시로 들여다보는 방식으로 가족을 이어나가고 있었다. 공공주택 10여 개 단지 한가운데에 지은 이 아파트 덕분에 삼대가 같이 살지 않아도 같이 사는 것 이상의 혜택과 편리함을 누리는 셈이다. 싱가포르의 보건복지부, 환경부, 유아발전청 등 8개 정부 기관이 함께 노력해 다양한 시설을 한 지붕 아래 놓는 것을 가능케 했다.

친정 또는 시댁의 도움을 받으며 일과 가정을 겨우 유지하는 가정이 많은 한국에 꼭 필요한 주거단지다. 사실상 모든 생활이 부모님 댁을 중심으로 이뤄지는 상황에서 아예 삼대가 '따로 또 같이' 어울릴 수 있는 방안을 찾는 싱가포르의 방법이 현실적이다. 기성세대인 부모가 거주하는 곳에 신혼부부가

7층에 노인 커뮤니티센터와 유치원이 나란히 배치돼 있다. (상)
1층에 새로 만들어진 긴급치료센터. (하)　　　사진: 싱가포르 권한울 기자

터전을 잡으려면 집값의 문턱이 높은데, 반대로 신혼부부가 터전을 잡은 곳에 캄풍 애드미럴티와 같은 주거단지를 만들어 그 부모에게 공급한다면 맞벌이 부부도 안심하고 아이를 키울 수 있을 것이다. 노인센터와 유치원을 나란히 배치해 한 건물 안에서 부모 돌봄과 자녀 양육을 동시에 해결할 수 있다는 점도 인상 깊다.

'따로 또 같이' 다시 가족으로

맞벌이 가정에 조부모의 육아 도움은 가장 든든한 버팀목이다. '한 여성이 일을 하려면 다른 여성의 희생이 필요하다'는 우스갯소리가 나올 정도로 친정이나 시댁, 베이비시터 등의 도움을 받지 않고서는 맞벌이 가정의 일·가정 양립이 불가능한 게 현실이다.

이 같은 '황혼육아'는 동서양을 막론하고 많은 맞벌이 가정에서 나타나는 현상으로 보인다. 실제 미국과 유럽의 연구에서는 손주의 탄생이 할머니의 조기 은퇴를 촉진하는 것으로 나타났다. 친정어머니 혹은 시어머니가 근처에 살 때(출퇴근 가능 거리) 여성의 노동시장 참여가 4~10%포인트 늘어난다는

미국 연구도 있다. 조부모의 도움이 맞벌이 가정에는 일·가정 양립을 이룰 수 있게 하는 중요한 요소 중 하나인 것이다.

이 때문에 친정이나 시댁 근처에 신혼집을 구해 아이를 낳고 키우는 가정을 심심치 않게 볼 수 있다. 하지만 기성세대인 부모가 거주하는 곳에 신혼부부가 터전을 잡으려면 집값 문턱이 높다. 반대로 신혼부부가 터전을 잡은 곳에 싱가포르의 캄풍 애드미럴티와 같은 곳을 만들어 그들의 부모에게 공급한다면 맞벌이 부부의 일·가정 양립이 훨씬 쉬워질 수 있다. 직장 출퇴근 시간과 어린이집·유치원 등하원 시간 사이에 발생하는 돌봄 공백을 근처에 사는 조부모가 메워줄 수 있어서다. 성인 자녀는 부모와 지근거리에 살면서 부모의 정서적·육체적 건강을 챙길 수도 있다.

조부모가 사는 건물에 유치원·보육시설과 노인센터뿐 아니라 병원과 약국, 긴급치료센터, 푸드코트가 모두 있다면 손주를 돌보는 데 드는 육체적 부담이 확 줄어든다. 아이가 열이 나거나 체했을 때 한 건물 안에서 유치원 하원과 병원 진료까지 한 번에 가능하기 때

문이다. 조부모의 도움을 받는 영유아 자녀가 있는 가정은 사실상 모든 생활이 부모님 댁을 중심으로 이뤄지는데 삼대가 이렇게 '따로 또 같이' 어울리는 방법은 현실적인 대안이 될 수 있다.

싱가포르는 국토의 90%가 국유지이기 때문에 공공이 주도했지만, 한국은 민간 주도로 인구 문제를 해결할 수 있다. 1기 신도시를 시작으로 순차적으로 신도시 재건축이 이뤄지는데 인구구조가 바뀌는 현시점에서 미래 주거 형태를 고민하고 설계에 반영하는 것은 나라를 위해서도 바람직하다.

김승배 한국부동산개발협회장은 "지금은 '주거 과소비' 시대로, 과거 3·4인을 기준으로 설정된 가구에 맞춰 짓고 살다 보니 너무 많은 공간을 쓰고 있다"면서 "청년, 노인 등 1인 가구가 늘어나는 인구구조 변화에 맞는 주거 형태, 마을, 도시를 만들어야 한다"고 강조했다. 김 회장은 특히 "1기 신도시를 포함해 앞으로 10~15년은 재건축의 시대"라면서 "우리는 노인이나 청년 1인 가구에 대한 고려 없이 일률적으로 집을 짓고 있는데, 현재 가구당 인구는 2.4명으로 앞으로 더 내려갈 것에 대비해 '국민 평수'를 조정해야 할 것"이라

고 말했다. 이어 "현재 1인 가구에 특화된 설계에 용적률 인센티브를 주는데 지금은 하드웨어보다 인구사회학적으로 필요한 소프트웨어가 재건축 과정에 들어가야 할 때"라고 강조했다.

세대 공존형 아파트는 주거 형태를 통해 자녀 양육과 부모 돌봄을 해결하고 가족 간 유대감을 강화할 수 있는 중요한 열쇠다. 김 회장은 "설문조사 결과 노인들은 사는 곳에서 죽고 싶고 자녀 근처에서 살고 싶다는 응답이 많았다"면서 "같이 살기에는 다소 불편하지만 근거리에는 살면서 부모 도움을 받고 싶은 성인 자녀에게 자녀 양육과 부모 돌봄 문제를 해결할 수 있는 대안"이라고 말했다.

삼대가 '따로 또 같이' 사는 주거 형태는 공공보다는 민간 주도가 효율성이 높고 지속가능성이 있다고 조언했다. 토지 대부분이 국유지인 싱가포르와 한국은 태생적으로 다르다는 것이다. 재건축할 때 약 20%를 노령 친화 주택으로 짓고 단지 내 커뮤니티 시설을 각 세대가 공존할 수 있도록 지을 경우 용적률을 올려주는 방식으로 인센티브를 준다면 저절로 세대 공존형 주거 형태가 늘어날 것이라고 김 회장은 설명했

2024년 3월 폐교된 서울 성동구의 성수공업고등학교.　　　　사진: 매경DB

다. 이른바 '투게더 용적률'이다.

그는 "서울시 등 정부가 뭘 짓겠다고 생각하지 말고 1·2인 가구를 위한 집을 짓는 민간에 용적률 등 인센티브를 주면 된다"면서 "예컨대 서울 강남 은마아파트를 재건축할 때 60세 이상 노인들이 살기 좋은 노인 친화형 주거동을 짓고 도로변에는 소형 원룸을 지어 청년과 노인이 한 단지 안에 같이 살수 있도록 짓는 경우 용적률을 높여주면 저절로 그런 단지가 많아질 것"이라고 설명했다. 용적률을 높이고 땅을 쪼

개 공급하면 가격도 낮아진다고 강조했다.

시범 대상으로는 일산, 분당 등 1기 신도시와 폐교 및 유휴용지가 제격이다. 김 회장은 "일산 아파트 용적률이 170% 정도 되는데 이걸 300%까지 높이고 평균 평수를 20평으로 줄이면 두 배 넘는 집을 지을 수 있다"면서 "학교의 경우 반경 2km 내 통학권이 보장되는 곳에 위치해 있기 때문에 세대 간 유대를 위한 커뮤니티 시설을 만들기에 제격"이라고 설명했다.

결혼·출산 망설이는 주저(躊躇)세대

'재수하라 취준하라' 늦어지는 생애주기

한국인의 생애주기에서 최근 길어지고 있는 시기가 청년기다. 청년기는 대학을 졸업하고 취업이나 창업 등을 통해 경제 활동의 어엿한 주체로 데뷔하며, 부모로부터 분리돼 독립적인 삶을 추구하고, 사랑하는 사람과 결혼해 가정을 꾸리는 시기다. 그러나 한국에서는 대학 입시의 반수와 재수부터 청년기의 연장이 시작된다.

반수생과 재수생은 매년 늘어나는 추세다. 대학알리미에 따르면 서울 주요 10개 대학(서울대·연세대·고려대·서강대·성균관대·한양대·중앙대·경희대·한국외대·서울시립대) 신입생 중 자퇴, 미등록 등으로 중도 탈락한 신입생은 2022년 기준 3537명이다. 전

체 신입생 10명 중 1명(9.5%)꼴로 1학년도 마치지 않고 학교를 떠난 셈이다. 2024학년도 대학수학능력시험에 응시한 재수생 비율은 31.7%로 28년 만에 최대치를 찍었다. 지난 수능이 '불수능'이었는 데다 의대 정원 확대 계획까지 더해지면서 2025학년도 수능에는 역대 최대 규모의 'N수생'이 응시할 수 있다는 관측까지 나온다.

N수생으로 최소 6개월~1년 이상의 시간을 투자해 원하는 대학에 들어가면 이번엔 취업 난관이 기다리고 있다. 대학 재학 기간에 휴학을 하거나 졸업을 유예하면서 어학연수와 인턴십 등 취업 준비를 하다 보니 대학 졸업에 걸리는 평균 기간은 2022년 기준 52개월로 2007년(46개월)보다 6개월 길어졌다. 졸업 후 첫 취업에 소요되는 평균 기간

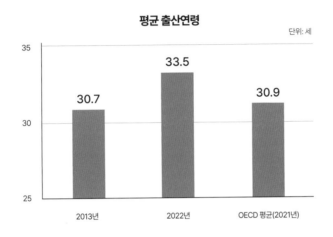

평균 초혼 연령(2012~2022년)

단위: 세

		2012년	2013	2014	2015	2016	2017	2018	2019	2020	2021	2022
초혼 연령	남자	32.1	32.2	32.4	32.6	32.8	32.9	33.2	33.4	33.2	33.4	33.7
	여자	29.4	29.6	29.8	30	30.1	30.2	30.4	30.6	30.8	31.1	31.3

평균 출산연령

단위: 세

- 2013년: 30.7
- 2022년: 33.5
- OECD 평균(2021년): 30.9

자료: 통계청

도 2007년 10개월에서 2022년 11개월로 한 달 늘었다. 단순 계산하면 요즘 청년이 N수생을 거쳐 대학을 졸업해 첫 직장을 구하기까지 5~6년 걸리는 셈이다. 이른바 '대학 5·6년생'이 급증하다 보니 결혼과 출산 연령도 늦어지고 있다. 남자의 평균 초혼 연령은 2007년 31.1세에서 2022년 33.7세로 2.6세 높아졌다. 여성 역시 같은 기간 28.1세에서 31.3세로 3.2세 많아졌다. 평균 출산 연령도 올라갔다. 여성의 첫째 아이 평균 출산 연령은 2022년 기준 33.5세로 10년 사이(2013년 30.7세) 2.8세나 높아졌다. 한국 여성의 출산 연령은 경제협력개발기구(OECD) 회원국을 통틀어 가장 높다.

취업 앞당기는 맞춤형 AI 컨설턴트

저출산을 해결하려면 청년기를 단축해야 한다. 특히 직장인으로 사회에 첫발을 내딛는 시점을 앞당겨야 결혼 연령이 낮아지고 결혼 이후 자녀를 갖기까지 걸리는 기간도 줄어들 수 있다.

우선 대학 재학 단계에서 'AI 에이전트(인공지능 비서)'를 활용하면 취업 준비 기간을 단축할 수 있다. 이미 일부 대학은 AI 비서를 도입해 학생들이 희망 직업이나 전공에 따라 맞춤형 커리큘럼을 짤 수 있도록 지원하고 있다. 숭실대가 2024년 본격적으로 도입한 '메타 어드바이저(META-Advisor)' 시스템은 학생이 원하는 직무나 직업을 입력하면 AI가 학교에 개설된 1880여 개 교과목 중 적합한 과목을 추천해준다. AI가 졸업생의 취업 현황과 이들이 수강했던 과목과 직무, 강의계획서 등 방대한 데이터를 학습해 학생 개개인에게 최적화된 커리큘럼을 만들어주는 셈이다. 가령 반도체 장비 시스템 소프트웨어 개발자가 되고 싶다는 학생에겐 AI가 1학년 1학기 때 프로그래밍 실습 과목을 수강하고, 3학년 1학기 때 마이크로프로세서 응용 과목을 신청하라고 알려준다. AI가 취업에 필요한 스펙

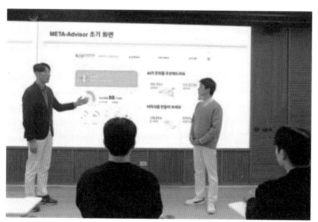

황규백 숭실대 지식정보처장이 서울 동작구 숭실대에서 학생들에게 '메타 어드바이저' 시스템에 대해 설명하고 있다.
사진: 숭실대

만들기와 이력서 관리도 도와준다.

서울대도 AI 기반의 학사 정보 서비스인 '스누지니(SNUGenie)'를 운영하고 있다. 스누지니는 국내 AI 기업 솔트룩스가 개발했다. 서울대에 축적된 학사 정보 데이터 수억 개를 바탕으로 전공별 졸업 요건과 관심사 해시태그 등을 반영해 1학년부터 4학년까지 수강해야 하는 교과목을 추천해준다. 특히 학과와 전공의 벽이 허물어지고 전공을 여러 개 하는 다전공, 자유전공 등이 늘어나면 학생의 학습 능력이나 커리어패스에 따라 조기 졸업도 가능해질 것으로 보인다. 고려대와 성균관대, 중앙대 등도 이 같은 교과목 추천 AI 서비스를 운영하고 있다.

인간 지능에 도전하는 생성형 AI의 개발 속도가 빨라지면서 대학가의 AI 비서가 더욱 고도화된다면 학생들은 목표로 하는 직업과 진로에 따라 초개인화된 커리큘럼과 기업의 눈높이에 맞춘 취업 준비 계획을 세울 수 있게 될 전망이다. 똑똑해진 AI 비서 덕분에 학생들이 전공 설계와 취업 준비 과정에서 암중모색이나 시행착오를 최소화한다면 사회인 데뷔 시점이 지금보다 앞당겨질 것으로 기대된다.

AI 전문가들은 교과목이나 학사 정보 AI 비서의 다음 단계로 인텔리전트 튜터링 시스템(ITS · Intelligent Tutoring System)에도 주목하고 있다. ITS는 AI 튜터가 학습자의 지식 상태를 진단하고 적절한 학습전략에 따라 맞춤형 콘텐츠와 피드백을 자동으로 제공하는 시스템을 의미한다. 국내에 AI 기반의 맞춤형 수학 교육 플랫폼이 있지만, 아직 제대로 된 ITS는 없다는 게 중론이다. 그러나 가까운 미래에 오픈AI의 생성형 AI 챗GPT 돌풍을 계기로 최첨단 ITS가 개발돼 공교육에 도입된다면, 학생들은 자신의 꿈과 학습 능력 등에 따라 '나만의 교과서'로 개인 맞춤형 교육을 받을 수 있게 될 것으로 기대된다. 같은 반에서 공부하는 물리학자가 꿈인 학생의 교과서와 디자이너가 되고 싶어 하는 학생의 교과서가 달라진다는 의미. 상상력을 발휘해본다면 ITS가 대학 입시와 전공까지 연계될 경우 1950년대에 만들어진 초등학교 6년, 중학교 3년, 고등학교 3년, 대학교 4년으로 이어지는 '6-3-3-4' 학제도 바뀔 수 있다. 사회인 진출이 그만큼 빨라질 수 있다.

'인재 입도선매' 학과 늘리자

고용 단계에서도 사회인 출발점을 앞당길 수 있다. 채용연계형 계약학과는 국내 기업들이 시장 변화에 맞춰 전문 인력을 양성하기 위해 대학과 손잡고 만든 학과다. 입학생에게는 장학금과 생활비 지원, 인턴십 프로그램 등 체험 기회, 졸업 후 취업 보장 등 다양한 혜택이 주어진다. 지금은 AI, 반도체, 소프트웨어 등 기업이 인재난을 겪는 정보기술(IT) 분야에서 채용연계형 계약학과가 신설되고 있다.

삼성전자는 성균관대에 채용연계형 지능형 소프트웨어학과를 만들었다. 학·석사 통합 5년 과정에 총 50명을 선발해 AI에 특화된 인재로 키운다는 계획이다. LG전자는 연세대에 지능융합협동과정을, 서강대에 AI학과를 각각 개설했다. 현대자동차도 고려대에 스마트 모빌리티학부를 설치하고 현대차 미래 기술인 수소차와 로보틱스 관련 커리큘럼을 진행하고 있다. KT는 KAIST와 포스텍에 KT AI 융합 석사과정을 운영하고 있다. LG유플러스는 숭실대에 정보보호학과를 신설했다. 이런 계약학과는 기업으로서는 실무에 투입 가능한 인재풀을 확보할 수 있고, 학생들은 졸업하면 기업에 곧장 취업할 수 있어 양측에 윈윈이다. 계약학과가 늘어나면 대학생들의 취업 준비 기간이 단축될 수 있다.

현재 채용연계형 계약학과는 손에 꼽을 정도다. 그러나 생산가능인구 수요가 공급을 웃도는 2030년께면 계약학과를 개설하는 기업이 늘어날 가능성도 있다. 일본은 극심한 고령화와 인력 부족 여파로 2008년을 정점으로 해마다 인구가 줄어 '인구 감소 시대'에 돌입하면서 구직자보다 일자리가 많은 상황이 몇 년째 지속되고 있다. 일본 대학생들은 졸업 1~2년 전부터 구직 활동을 시작해 4학년 때 기업에서 채용 확정 통보를 받는 것이 일반적이다. 그런데 최근 인력 부족 위기감이 커지자 대학 3학년생에게 일찌감치 채용 확정을 통보하며 신입사원 입도선매에 나선 기업이 부쩍 늘어나고 있다. 일본 취업 정보 회사 디스코에 따르면 2025년 4월 졸업을 앞둔 대학생·대학원의 취업 내정률은 2024년 2월 기준 33.8%로 전년 동월 대비 10%포인트 올랐다.

또 현재 선취업 후진학 제도의 대상자를 현재 고등학생에서 대학·대학원생

매년 높아지는 일본 졸업 예정자 채용 확정률

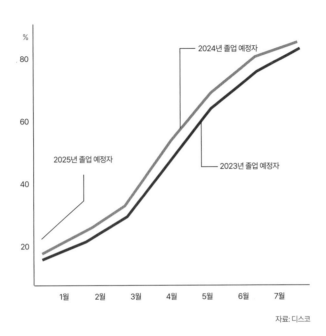

2024년 졸업 예정자

2025년 졸업 예정자

2023년 졸업 예정자

자료: 디스코

까지 넓혀 회사에서 일하면서 공부를 병행할 수 있도록 개선하는 것도 방법이다. 이 경우 기업은 '주경야독(晝耕夜讀)'이 아니라 '주경주독'이 가능하도록 시차 출퇴근, 선택근무, 원격근무, 재택근무 등 유연근무제를 확대할 필요가 있다.

청년 선택지 넓히는 중기 통합공채

"채용 공고를 올려도 몇 달째 지원자가 없다."(중소기업)
"중소기업은 채용 정보를 얻기 어렵다."
"중소기업은 연봉이 낮다."(청년 구직자)
중소기업과 청년 구직자 간 정보 비대칭 현상이 발생하고 있다. 중소기업중

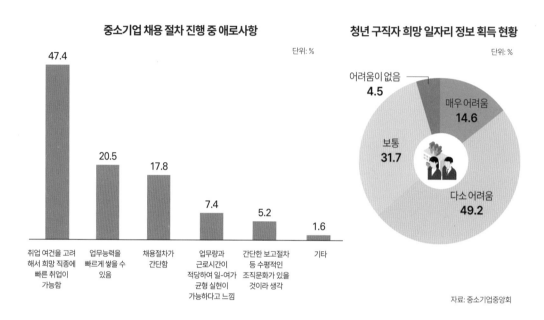

중소기업·청년 구직자 간 정보 비대칭

중소기업 채용 절차 진행 중 애로사항

단위: %

- 47.4 취업 여건을 고려해서 희망 직종에 빠른 취업이 가능함
- 20.5 업무능력을 빠르게 쌓을 수 있음
- 17.8 채용절차가 간단함
- 7.4 업무량과 근로시간이 적당하여 일-여가 균형 실현이 가능하다고 느낌
- 5.2 간단한 보고절차 등 수평적인 조직문화가 있을 것이라 생각
- 1.6 기타

청년 구직자 희망 일자리 정보 획득 현황

단위: %

- 어려움이 없음 4.5
- 매우 어려움 14.6
- 보통 31.7
- 다소 어려움 49.2

자료: 중소기업중앙회

앙회가 '참 좋은 중소기업' 플랫폼에 등재된 우수 중소기업 1000곳을 대상으로 실시한 '2022년 채용 동향 조사'에 따르면 92.2%가 인재를 채용할 때 채용 사이트에 의존하고 있다고 답했다. 채용 절차 때의 어려움은 '필요 인력에 비해 입사 지원자 부족'이 47.2%로 가장 많았고 이어 '합격 이후 퇴직·이직으로 근속 실패'(21.7%), '지원자의 직무 역량·성향 판단 착오'(18.0%) 등 순이었다. 실제로 대다수 중소기업은 신입

과 경력을 구분하지 않고 채용 사이트에 채용 공고를 올리지만, 몇 달을 기다려도 지원자가 한 명도 없는 일이 많다 보니 사내 직원들의 추천을 받아 사람을 뽑는 실정이다. 운 좋게 지원자가 나타나더라도 회사가 원하는 인재가 아닐 수 있어서 급한 경우 아예 비싼 돈을 지불하고 헤드헌팅 회사를 이용하는 기업노 있다.

반면 청년 구직자들은 일자리 정보 획득에 어려움이 많다고 호소한다. 중기

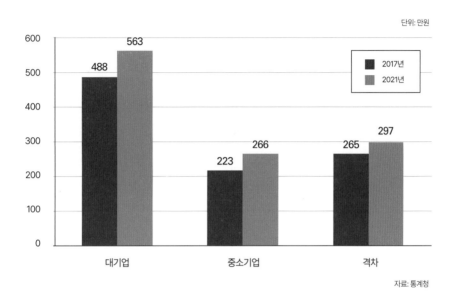

대기업·중소기업 평균 소득

단위: 만원

- 2017년
- 2021년

자료: 통계청

중앙회가 2023년 청년 구직자 1000명을 대상으로 실시한 '2023년 청년 구직 현황 및 일자리 인식 조사' 결과 중소기업 취업을 고려하고 있는지에 대해서는 64.4%가 긍정적으로 답했다. 그러나 63.8%는 취업을 희망하는 일자리에 대한 정보 획득이나 활용이 어렵다고 지적했다.

중소기업은 '1년 365일 채용난'이고, 청년 구직자는 일자리 정보가 부족해 답답하다면 중소기업 통합 공채를 실시해보면 어떨까. 공채의 가장 큰 장점은 사람을 많이 뽑는 '일자리 큰 장'이 열린다는 점이다. 소수를 채용하는 중소기업들이 뭉쳐 이런 공채의 장점을 살린다면 모래알처럼 흩어져 각개 채용 전투를 치르는 지금보다 훨씬 좋은 인재를 뽑을 가능성이 커진다. 구직자에게도 장점이 많다. 채용 시기가 명확해지고 기업 정보가 한데 모이는 만큼 취업 준비가 한결 수월해질 수 있다. 중소기업 통합 공채는 실전이고, 취업 상담 위주의 취업박람회와는 다르다.

중소기업 직장인을 위한 정책 금융상

품도 검토해야 한다. 청년 구직자들이 중소기업 취업을 꺼리는 가장 큰 이유는 낮은 연봉이다. 설문조사에서 중소기업 취업을 고려하지 않는 이유(복수응답)로 '낮은 연봉 수준'(55.3%)이 가장 많이 꼽혔다. 실제 통계청에 따르면 대기업과 중소기업 간 평균 소득 격차는 2017년 265만원에서 2021년 297만원으로 벌어졌다. 중소기업의 평균 소득은 266만원으로 기업 전체 평균 소득(287만원)보다 낮았다. 중소기업에서 일하는 직장인들은 '이 월급으로 내 집 마련은 꿈도 꾸지 못한다'고 한숨을 쉰다. 대기업과 중소기업 간 처우 간극을 어느 정도 메울 수 있는 정책 금융상품이 나온다면 중소기업 취업에 대한 선호도가 높아질 수 있다.

경력단절 걱정 없는 일터로

중소기업에서 3년째 근무 중인 직장인 A씨(27)는 결혼을 미루고 있다. 업무에 익숙해졌는데 결혼에 이어 출산으로 휴직하게 되면 회사에서 자신의 자리가 사라질 것 같은 불안감 때문이다. A씨는 "중소기업은 경력단절여성을 선호하지 않는 경향이 있고, 무엇보다 인

사 담당자가 '아이가 아플 때 돌봐줄 사람이 있냐'고 물으면 답할 수가 없다"고 말했다. A씨의 회사는 지식산업센터가 빼곡하게 모여 있는 가산디지털산업단지에 자리 잡고 있다. 입주한 중소·벤처기업만 수백 개이고 워킹맘이 많지만 아이를 잠시라도 맡길 수 있는 어린이집은 없다. A씨는 "사장님의 배려로 회사에 복귀할 수 있다 해도 상황이 복잡하다"며 한숨을 쉬었다. 한 명이 다양한 업무를 소화하는 중소기업 특성상 출산·육아휴직 기간에 업무를 대신해줄 대체인력을 뽑는 것도 어렵고, 구해지더라도 인수인계가 쉽지 않기 때문이다. 복직 시점이 하반기가 될 경우 짧은 시간에 성과를 내기 어렵기 때문에 인사 고과에서 불이익을 받을 가능성도 없지 않다.

A씨와 같은 여성이 한국에 수두룩하다. 한국 기업 중 99%는 중소기업이다. 가장 최신 통계인 '2021년 기준 중소기업 및 소상공인 기본통계'에 따르면 국내 중소기업 수는 771만4000개로 전체 기업의 99.9%를 차지하고 있다. 중소기업 종사자는 1849만명으로 전체 기업 종사자의 81%다. 국민 대다수가 중소기업에서 일하고 있는 셈이다. 그러나 한

국의 저출산 대책은 상당 부분이 대기업 위주로 설계됐다. 이 때문에 A씨처럼 중소기업에 다니는 여성 직장인은 인구 문제의 대표적인 사각지대로 꼽힌다.

한국무역협회가 2023년 수출 실적 50만달러 이상(2022년 기준) 회원사 506곳을 대상으로 실시한 '가족 친화적 출산·양육 정책 수립을 위한 업계 실태조사'를 상시근로자 300인 미만인 중소기업(407곳)을 분리해 재가공한 결과 출산휴가와 배우자 출산휴가, 육아휴직, 임신기 단축근무, 태아 건강검진 등은 회사에서 사용을 장려하거나 필요할 때 자유롭게 활용할 수 있다는 응답이 50%를 넘었다. 반면 육아기 단축근무와 유연근무, 난임치료휴가는 40%대로 10명 중 4명꼴로 사용하는 것으로 조사됐다. 직장 보육시설은 활용 불가란 답변이 71.7%로 압도적으로 많았다. 대기업과 달리 중소기업에 다니는 여성에게 직장 내 보육시설은 없는 게 당연한 것으로 여겨지는 실정이다. 현재 영유아보육법은 직장어린이집 설치 의무 사업장 기준을 상시근로자 500인 또는 여성 근로자 300인으로 두고 있다. 그 결과 직장어린이집 설치 의무 사업장은 전체 기업 중 0.02%에 불과하다. 2023년 9월 기준 한국산업단지공단에 등록된 전국 지식산업센터가 1517개에 달하고 입주 기업 대부분이 중소기업이지만 어린이집과 같은 보육시설은 사실상 거의 없는 셈이다. 중소기업 B사 대표는 "최근 지식산업센터에 입주하는 중소기업이 늘고 있다"며 "지식산업센터와 같은 새로운 사업장 형태에 맞는 공동 보육시설 설치를 위한 지원 혜택이 필요하다"고 말했다. 천안산업단지의 한 중소기업에서 일하는 워킹맘 C씨는 "서울과 달리 지방은 자동차로 출퇴근하는 게 일상이라 중소기업이 밀집된 지역에 공동 사내 보육시설이 있다면 육아에 큰 도움이 될 것 같다"고 말했다. 최근 저출산으로 직장어린이집 충원율이 감소하고 있는 만큼 기존 대기업이나 공공기관의 어린이집을 중소기업과 공유하는 형태의 '상생형 어린이집'도 확대할 필요가 있다는 지적이 나온다.

육아휴직 대상자의 근무 형태를 다양화하는 것도 필요하다. 육아휴직으로 직장과 분리되는 기간이 길어질수록 경력 단절과 복직에 대한 부담감이 커지는 만큼 육아휴직 대상자의 단축근무를 지원하는 것도 방법이다. 스웨덴에서는 육아휴직을 풀타임, 3/4타임, 1/2타임, 1/4타임, 1/8타임 중 선택할 수 있다. 정규직의 경우 본인이 희망하면 다시 100% 근무가 가능하다. 또 정부가 육아기 재택근무가 활성화되도록 지원한다면 직원은 육아와 일을 병행할 수 있고, 기업은 업무 공백을 축소할 수 있다. 현재 근로기준법, 남녀고용평등과 일·가정 양립 지원에 관한 법률에는 임신·육아기 단축근무 지원에 대한 근거는 있지만 재택근무 지원에 관한 법적 근거는 부재하다. 중소기업 D사 대표는 "대체인력을 뽑더라도 인수인계가 수월하고 경력 단절이 최소

화될 수 있어 여성 직원의 복직이 한층 수월해질 것"이라고 말했다.

중소기업들이 출산·육아 지원 제도를 적극 활용하도록 정부가 독려해야 한다는 지적도 나온다. 중소기업은 출산휴가급여 지원금, 육아휴직 지원금, 대체인력 지원금 등 정부가 사업주를 위해 마련한 지원책에 대한 활용도가 낮은 것으로 조사됐다. 출산급여 지원금의 경우 '현재 활용하고 있다'고 답한 대기업은 57.6%에 달했지만 중소기업은 30.7%에 불과했다. 육아휴직 지원금도 대기업은 62.6%로 중소기업(32%)보다 더 많이 이용하고 있으며, 육아기 근로시간 단축 지원금이나 대체인력

기업별 임신·출산·양육 지원 제도 관련 정부 지원 활용 실적

단위: %

	출산휴가급여 지원금		육아휴직 지원금		육아기근로시간 단축 지원금		대체인력 지원금	
	대기업	중소기업	대기업	중소기업	대기업	중소기업	대기업	중소기업
활용 중이다	57.6	30.7	62.6	32	47.5	15.2	33.3	7.6
과거에 활용한 적이 있다	20.2	27.8	15.2	24.1	18.2	14.8	23.2	16.7
활용한 적이 없다	22.2	41.5	22.2	44	34.4	70	43.4	75.7
합계	100	100	100	100	100	100	100	100

자료: 한국무역협회

지원금 역시 대기업의 활용도가 중소기업보다 각각 32.3%포인트, 25.7%포인트 높았다.

출산·육아 지원 제도 이용에 따른 편익에 대한 인식에서도 대기업과 중소기업 간 입장 차이가 뚜렷했다. 대기업은 정부 지원 등을 종합적으로 고려할 때 49.5%가 이득이라고 답했지만, 중소기업은 가장 많은 45.7%가 손실로 봤다. 중소기업이 대기업보다 대체인력 고용 등이 어렵기 때문인 것으로 분석된다.

이처럼 대학 재학, 취업, 양육 등 각 단계에서 교과목 추천 AI 비서를 비롯해 중소기업 통합 공채, 육아기 재택근무 지원 등이 빈틈없이 이뤄진다면 청년들이 취업과 결혼, 출산을 통해 첫아이와 만나는 데 걸리는 시간이 최소 1~3년 단축될 것으로 보인다.

저출산 문제를 해결하려면 '숨은 출산율'에 주목해야 한다. 결혼과 출산 관련 '걸림돌' 때문에 이를 망설이는 이른바 '주저세대'가 있다. 한반도미래인구연구원(한미연)이 2023년 실시한 결혼·출산에 대한 20·30대 인식조사에 따르면 미혼 응답자 1473명 중 결혼과 출산을 하겠다는 비중은 각각 57.5%, 53%로 조사됐다. 반대로 결혼과 출산을 하지 않겠다고 답한 응답자 비중은 각각 30.3%, 36.3%에 달했다. 응답자의 절반가량은 결혼과 출산 의향이 있지만, 약 3분의 1은 이를 거부한 셈이다. 반면 여러 가지 방해 요인 때문에 결혼과 출산을 고민하는 주저층은 각각 12.6%, 10.7%인 것으로 나타났다. 2020년 기준 20~39세 미혼 인구가 895만명이라는 점을 감안하면 주저층은 100만명으로 추산된다. 성별로 주저층 비중을 보면 결혼의 경우 여성(13.4%)이 남성(11.8%)보다 소폭 많았다. 출산도 여성(12.2%)이 남성(9.4%)보다 망설이는 경향이 있는 것으로 조사됐다.

이런 20·30대 주저층의 속내는 무엇일까. 우선 결혼을 망설이는 이유로는 '현실적 결혼 조건을 맞추기 어려울 것 같아서'라는 답이 39.5%(1~3순위 누적 기준)로 가장 많았다. 이어 '소득·자금이 적거나 경제적으로 불안해서'(37.9%), '결혼하고 싶은 인연을 만나지 못할 것 같아서'(32.8%), '누군가를 책임지고 싶지 않아서'(29.4%) 등 순이었다. '혼자 사는 것이 더 행복할

미혼자 결혼·출산 의향별 빈도

단위: %

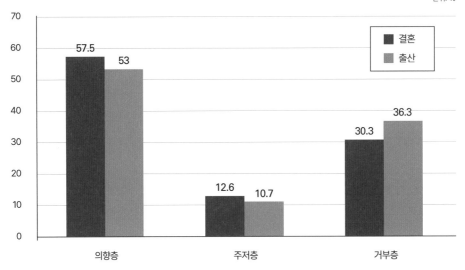

자료: 한반도미래인구연구원 결혼·출산에 대한 2030세대 인식조사 (2023). 통계청

것 같다'(49.3%)고 하는 결혼 거부층보다 주저층은 정책이나 제도를 통해 해결 가능한 문제를 이유로 꼽았다.
출산에 대해서도 주저층은 결혼과 비슷한 경향을 보였다. 출산을 망설이는 이유로 '자녀를 양육할 경제적인 여유가 없어서'와 '자녀 교육에 막대한 비용이 들기 때문'이라는 답이 각각 46.4%, 45.7%로 압도적으로 많았다. 반면 출산 거부층은 '육아에 드는 시간과 노력을 감당하고 싶지 않아서'라는 답이 48.9%로 가장 많았다. '군이 아이를 낳을 필요성을 느끼지 못해서'라는 응답도 39.9%였다.

ESG 대신 이제는 EPG

출산율이 1명대에서 반등한 국가들의 공통점은 기업이 가족 친화적인 근로 제도를 갖추고 있다는 것이다. 실제 출산율이 높은 나라일수록 육아휴직 이용률(신생아 100명당 육아휴직 이용자 수)과 여성 경제 활동 참여율이 높은 것으로 나타났다. 경제협력개발기구(OECD)의 노동인구 조사에 따르면 2021년 한국 합계출산율은 0.81명으로 OECD 회원국 가운데 유일하게 1명을 밑도는 꼴찌인 가운데, 육아휴직 이용자(48명)와 여성의 경제 활동 참여율

(55.3%)도 가장 낮았다. 반면 출산율이 한국의 두 배인 스웨덴(1.67명)은 육아휴직 이용자가 408명, 여성의 경제 활동 참여율이 82.4%로 한국에 비해 월등히 높았다. 프랑스는 합계출산율이 1.8명인데, 육아휴직 이용자(60명)와 여성 경제 활동 참여율(71.4%)이 한국보다 높았다. 즉 출산율은 가족 친화적 기업과 밀접하게 연관돼 있으므로 한국 기업이 더 분발해야 한다는 의미다.

매일경제와 한반도미래인구연구원(한미연)은 한국 기업이 인구 문제 해결에

ESG 대신 EPG 준비해야

기존의 ESG	새로운 EPG
인구 관련 지표 비중이 매우 낮음	인구위기 대응 성과 평가
국내 특수한 상황을 반영 못함	실질적 사회적 책임 강화

인구 위기 대응 지표

출산·양육지원
자동 육아 휴직제도 운영
직장 내 어린이집 이용자 만족도
남성 임직원 의무 육아 휴직제도 운영

일·가정 양립지원
지역별 거점오피스 운영

출산친화 기업문화조성
외국인 근로자 지원

지역사회 기여
지역소멸 대응을 위한 제도 운영

적극적으로 나설 수 있도록 EPG 경영을 제안한다. EPG는 ESG에서 사회 지표인 S(Social)를 P(Population)로 바꾼 것이다. 기존 ESG에서 S는 근로조건과 노사관계, 공정거래, 부패 방지, 소비자 안전, 사회공헌 등 기업의 사회적 책임을 강조하는데, 현재 한국에 가장 시급한 인구 위기 대응 관련 지표 비중이 매우 낮아 한국의 특수성을 제대로 반영하지 못하고 있다.

매일경제와 한미연은 EPG 경영의 P에 대한 평가 모델을 공동으로 운영하기로 했다. 한미연은 기업의 실질적인 인구 위기 대응 노력을 다각적으로 평가할 수 있도록 기존 법과 제도, ESG 평가 지표 등에 근거해 지표를 만들었다. 자동 육아휴직 제도 운영, 자녀 입양 휴가 제도, 직장 내 어린이집 설치와 운영 성과, 직장 내 어린이집 이용자 만족도, 남성 육아휴직 의무화 제도, 지역별

거점 오피스 운영, 외국인 근로자 지원 제도, 지방 소멸 대응을 위한 제도 운영 성과 등도 포함됐다.

현재 국내 기업들의 인구 위기 대응 점수는 몇 점일까. 국내 주요 20개 기업을 대상으로 인구 위기 대응 기초 평가를 실시한 결과 평균 점수는 66점으로 집계됐다. 국내 굴지의 반도체기업인 A사가 1위를 차지했지만 점수는 79점에 그쳤고, 금융기업 B사가 47점으로 가장 낮았다. 최근 한국 기업들이 파격적인 가족 친화 제도를 도입하는 등 인구 문제 해결에 나서고 있는데, 점수가 90점 이상인 인구 위기 대응 모범 기업이 늘어날수록 출산율 회복 가능성이 높아질 것으로 기대된다.

더 많은 기업이 인구 문제 해결사로 나설 수 있도록 다양한 인센티브가 필요하다는 지적이 나온다. 그동안 정부가 출산율을 높이기 위해 내놓은 정책들

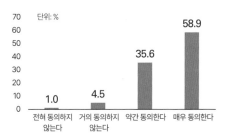

'저출산' 관련 기업의 사회적 책임에 대한 인식

단위: %

- 전혀 동의하지 않는다: 1.0
- 거의 동의하지 않는다: 4.5
- 약간 동의한다: 35.6
- 매우 동의한다: 58.9

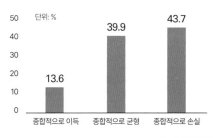

출산·양육 정책 협조에 따른 기업의 편익/손실에 대한 인식

단위: %

- 종합적으로 이득: 13.6
- 종합적으로 균형: 39.9
- 종합적으로 손실: 43.7

자료: 한국무역협회

은 기업이 자발적으로 출산·육아 지원 제도를 활용하도록 장려할 인센티브가 부족하고, 근로감독 확대와 신고센터 신설 등 징벌적 접근이 적지 않기 때문이다. 한국무역협회가 2022년 기준 수출 실적 50만달러 이상, 상시근로자 5인 이상인 회원사를 대상으로 출산·양육 지원 제도 시행과 관련한 실태조사를 진행한 결과 응답 기업 중 94.5%가 기업이 정부와 함께 저출산에 대한 사회적 책임을 분담해야 한다는 데 동

의했다. 그러나 43.7%는 정부의 출산·양육 정책 협조에 따른 편익보다 비용이 더 크다고 느끼고, 무려 82%는 정부의 출산·양육 지원 제도 관련 인센티브가 적다고 답했다. 대부분의 출산·양육 지원 제도가 근로자에게 초점이 맞춰져 있고 기업이 부담해야 하는 인력난, 생산성 저하 등에 대한 '사업주' 지원책이 부족하다는 얘기다.

사업주 지원책으로는 현금성 보조 확대(22.2%)와 세제 혜택 확대(21.1%), 가족친화인증 범위 확대 및 혜택 강화(20.6%) 등을 꼽았다. 최근 부영그룹이 2021년 이후 출산한 임직원의 자녀 70명에게 1억원씩 총 70억원의 출산장려금을 파격적으로 지급했는데, 기업의 이런 인구 위기 대응 노력에 대해 정부가 세제 혜택을 강화해야 한다는 지적이 나온다.

대표적 세제 혜택인 법인세 감면의 경우 한국의 법인세 유효세율은 25.5%로 OECD 37개 회원국 중 9위이며 OECD 평균(22%)보다 높다. 조세수입과 국내총생산(GDP) 대비 법인세수 비중도 2020년 각각 12.1%, 3.4%로 주요 7개국(G7) 평균(7.3%·2.4%)보다 높다. 즉 법인세 감면을 통한 세제 지원 여력이 있는 셈이다.

인적자본 투자 세액공제(Population Tax Credit)를 신설하는 것도 검토해야 한다. 세액공제란 기업들이 투자한 금액 일부를 법인세나 소득세에서 깎아주는 것이다. 인적자본 투자 세액공제는 반도체와 같은 국가전략기술에 투자할 때 세액공제를 해주는 것처럼, 국가적으로 가장 중요하고 시급한 인구 문제를 해결하기 위해 출산을 장려하는 기업에 세금을 깎아주자는 개념이다. 특히 대기업에 비해 출산장려금이나 출산휴가, 육아휴직 등을 직원에게 지원할 여력이 부족한 중소기업에 큰 도움이 될 수 있다.

또 인구 위기 대응 모범 기업에 대해 출산휴가나 육아휴직, 단축근무의 업무 공백을 줄이기 위해 고용하는 대체인력 지원금과 업무를 대신 맡아주는 동료에게 주는 인센티브 확대를 지원하는 것도 필요하다. 공공기관 입찰과 공공기관 경영평가 때 가점을 주거나 금융기관 대출 금리와 수수료를 우대해주거나 민간 제휴 시설 이용료를 깎아주는 등의 인센티브도 김토해볼 만하나.

정부가 인구 문제 해결에 노력하는 기업에 획기적이면서 폭넓은 인센티브

OECD 국가 법인세 유효세율 현황(2022년)

단위: %

순위	국가	세율
1	칠레	37.7
2	호주	28.9
3	멕시코	28.4
4	뉴질랜드	28.4
5	독일	27.8
6	일본	26.5
7	프랑스	26.4
8	콜롬비아	25.9
9	한국	25.5
10	코스타리카	24.7
11	룩셈부르크	24.6
12	캐나다	24.4
13	벨기에	24.4
OECD 평균 22.0		

주 : OECD 법인세 유효세율이란 명목 최고세율, 공제제도, 물가상승률, 이 자율, 회계상 감가상각 방식 등을 종합적으로 고려했을 때, 기업이 특정 국가에 투자 시 적용받게 될 것으로 예측되는 법인세 부담 수준을 의미
자료 : OECD Corporate Tax Statistics (한국경영자총협회(2022) 재인용)

조세수입/GDP 대비 법인세수 비중 추이 (한국 및 G7)

단위: %

구분		2020년
조세수입 대비	한국	12.1
	G7 평균	7.3
GDP 대비	한국	3.4
	G7 평균	2.4

자료 : OECD Revenue Statistics (한국경영자총협회(2022)재인용)

를 준다면 직원의 출산과 양육을 지원하는 것이 기업에도 이익이 된다는 인식이 확산되고, 더 많은 기업이 자발적으로 인구 문제 해결에 뛰어들 것이다. 끝이 잘 보이지 않는 마라톤 같은 인구위기 극복 과정에서 기업은 정부의 든든한 러닝메이트가 될 수 있다.

"일과 가정 양립하려면
언제든 재택근무할 수 있어야"

마티아스 됩케

미국 노스웨스턴대 경제학과 교수

저출산 해법으로 여성의 경제 활동을 늘리면서 동시에 출산율을 높이고 있는 나라들에 주목해야 한다는 목소리가 높아지고 있다. 이를 뒷받침하는 연구 결과가 있다. 마티아스 됩케 미국 노스웨스턴대 경제학과 교수 연구진이 경제협력개발기구(OECD) 회원국을 중심으로 여성 경제 활동 참여율과 출산율의 상관관계를 조사한 결과 여성의 경제 활동이 활발한 나라에서 출산율이 높아지고 있었다. 됩케 교수는 매일경제와의 인터뷰에서 "출산은 인생에서 큰 결정이기 때문에 사람들은 현금 인센티브에 크게 반응하지 않는다"며 "남성과 여성이 모두 회사와 가정에서 책임을 다할 수 있도록 정부와 기업이 가족 친화적 근무 환경 만들기에 더 신경을 기울이면 출산율을 반등시킬

수 있다"고 강조했다. 다음은 뒵케 교수와의 일문일답.

현금성 지원은 출산율을 높이는 데 도움이 될까.

▷출산 장려금처럼 현금성 지원은 단기적으로 미세하게 출산율이 상승하는 효과가 있을 것이다. 경험적 연구에 따르면 출산은 인생에서 큰 결정이기 때문에 사람들은 현금 인센티브에 그다지 반응하지 않는다. 몇천~몇만 달러의 현금 지원 때문에 인생 계획을 바꾸지 않을 것이다. 그보다 저출산의 근본적인 원인이 무엇이고 어떻게 해결할 수 있는지를 고민하는 것이 훨씬 더 중요하다. 단기에 성과가 나타나지 않더라도 장기적으로 출산율 회복을 달성할 수 있다. 저출산 해법으로 일과 가정의 양립을 강조하는 이유다.

일과 가정의 양립을 위해선 기업의 역할이 중요할 것 같다.

▷한국 기업들은 남녀 직원 모두에게 아이를 돌볼 수 있도록 충분히 지원하고 있다고 자신 있게 말할 수 있는가. 여성 직원에게만 출산·육아를 지원한다면 성 불평등이 강화되고 일과 가정

생활을 양립하기 어려워진다. 유럽에서 꽤 인기를 끌고 있는 저출산 정책이 아빠 출산휴가다. 유럽은 아빠가 된 남성 직원이 3개월 정도 휴가를 사용해 아이를 돌보는 것을 장려하고 있다. 남성도 여성만큼 출산·육아 지원 제도를 적극적으로 사용해 부부가 함께 일과 가정의 양립에 성공해야 한다. 기업은 직원의 근무 유연성도 높여줘야 한다. 꼭 회사로 출근해야 하는 상황이 아니라면 누구나 하루 이틀은 재택근무를 할 수 있어야 한다. 아이가 열이 나면 누군가는 돌봐야 하지 않겠나. 직원들이 매일 사무실로 출근해야 한다면, 이는 맞벌이를 불가능하게 만드는 것과 같다.

말은 쉬운데 실천이 어렵다.

▷한국 기업들은 일과 가정의 양립에 더 많은 관심을 가져야 한다. 자발적으로 좀 더 가족 친화적인 기업문화를 보여준다면 기업의 매력이 높아질 것이다. 젊은 인재들도 유연하게 일할 수 있는 기업을 선호한다. 미국 정보기술(IT) 기업은 우수 인재를 유치하려고 유연근무를 강화하고 출산·육아 혜택을 모든 직원에게 제공하기 위해 노력하고 있다.

정부가 기업에 인센티브를 주는 것은 어떤가.

▷정부가 인센티브를 준다면 개인보다 기업에 주는 것이 효과적이다. 직원들이 출산·육아휴직을 사용할 때 맞닥뜨리는 가장 큰 문제는 휴직 기간의 수입이 아니라 휴직 후 인사와 업무에서 불이익을 받지 않을까 하는 걱정이다. 따라서 기업은 가족에 대한 의무를 다하기 위해 회사를 휴직하는 경우 팀 배정이나 승진에서 불이익이 없도록 제도화해야 한다. 이런 문제는 개인에게 돈을 준다고 해결되지 않는다. 기업이 움직여야 한다.

생산가능인구 부족도 심각한 문제다.

▷정년에 대한 유연성을 높여야 한다. 미국·영국에선 요즘 65세에 은퇴하는 사람을 찾아보기 어렵다. 건강하고 근로 의욕이 있는 고령자들을 기업이 파트타임으로 고용할 수 있도록 인센티브를 주는 것이 필요하다. 고령자가 나이를 이유로 일을 중단하면 사회적 관계가 끊기고 건강에도 좋지 않다.

요즘 주목하는 인구 트렌드는.

▷첫째는 아시아와 유럽의 초저출산 현상이다. 둘째는 코로나19 팬데믹 이후 출산율이 급격히 떨어지고 있는 미국이다. 미국은 정부의 보육 정책이 적은데 기업 내에서 양성평등이 잘 정착된 덕분에 육아가 가능하다는 특징이 있다. 셋째는 아프리카와 아시아의 인구통계학적 차이다. 내가 수십 년 전 인구를 연구하기 시작했을 때 남아시아는 세계에서 출산율이 가장 높은 지역이었다. 예컨대 방글라데시의 출산율이 아프리카보다 높았다. 그러나 지금 아시아에선 저출산이 나타나고 있는 데 반해 서브사하라 아프리카는 여전히 출산율이 높다. 이런 인구학적 변화가 향후 노동력과 이민 흐름에 어떤 영향을 줄지 지켜보고 있다.

"육아휴직, 길다고 능사 아니다"

질 피송

INED(프랑스 국립인구연구소) 연구원

프랑스는 출산율이 한국보다 2배 높다. 하지만 2023년 프랑스의 출생 신고 건수는 2차 세계대전 이래 가장 낮았던 것으로 집계됐다. 합계출산율 역시 2022년 1.79명에서 2023년 1.68명으로 낮아졌다. 2010년 정점을 찍었던 출산율이 하락세를 보이고 있는 모습이다. 그럼에도 프랑스는 유럽에서 사정이 나은 편이다. 유럽연합(EU)의 최근 합계출산율은 평균 1.5명(2020년 기준) 수준이다.

동시에 프랑스는 지구상 가장 긴 이민의 역사를 지닌 나라이기도 하다. 프랑스 국립통계연구소에 따르면 전체 인구가 6760만명인 프랑스에서 이민자 수는 700만명을 넘는다. 선진국 가운데서도 다산(多産)을 유지해왔지만 최근 출산율 감소로 고민하고 있는 나라, 동시에 이민을 가장 오래 받아들였지만 최근 들어 그 후폭풍이 거세진 나라 프랑스에서 인구 문제를 연구하는 질 피송 프랑스 국립인구연구소(INED) 연구원에게 한국 저출산의 해법과 이민 정책의 방향을 물었다.

프랑스는 1993년 역대 최저 수준인 합계출산율 1.65명에서 2009년 1.99명까지 반등하는 모습을 보였는데.

▷프랑스는 지난 50년간 여성 한 명이 평균적으로 2명의 아이를 낳는 추세를 유지해왔다. 다만 1993~1994년 합계출산율은 1.68명 수준으로 낮아졌다. 1993년 당시 경기 침체가 있었기 때문이다. 경제위기가 닥치면 실업률이 높아지기 때문에 아이를 낳지 않는다. 미국의 경우도 2007~2008년 심하게 경제위기를 맞으면서 출산율이 많이 내려갔다. 하지만 출산율이 그해 잠깐 내려가더라도 몇 년 뒤에는 회복되는 것을 확인할 수 있다.

프랑스가 높은 출산율을 유지하는 비결은 무엇인가.

▷프랑스는 다른 나라에 비해 출산율이 감소하더라도 그 추세가 완만한 편이다. 경제위기가 닥치더라도 사회복지 정책이 잘 마련돼 있기 때문에 타격을 덜 받기 때문이다. 사실 북유럽도 출산율이 많이 떨어졌다. 감소폭이 작은 건 스페인과 이탈리아 정도다. 하지만 이들 국가는 원래 출산율이 낮았고 일본, 중국을 비롯한 동아시아와 비슷한 수준이었다.

유럽에서도 가족 정책에 따라 출산율이 다양하게 갈리고 있다.

▷북유럽과 프랑스, 독일은 국내총생산(GDP) 대비 여성의 육아 지원 비중이 다른 나라에 비해 2배 많다. 이탈리아나 그리스와 같은 남유럽 국가는 그 비중이 프랑스나 북유럽의 절반에도 못 미친다. 북유럽은 남유럽 국가에 비해 육아휴직 기간 보수가 높은 편이라는 점이 특징이다. 보육시설도 중요하다. 가족 정책의 목적은 일하는 여성을 많이 만드는 데 있다. 북유럽은 보육시설이 잘돼 있어 여성의 사회 참여가 많고 출산율도 높아지고 있다.

높은 출산율을 유지하던 프랑스도 2024년 합계출산율이 1.66명 정도로 낮아졌다. 에마뉘엘 마크롱 대통령도 최근 5년 만에 개최한 기자회견에서 저출산 대책을 주요하게 다뤘다.

▷마크롱 대통령이 이번에 발표한 대책은 육아휴직을 좀 더 짧게 가져가되 육아휴직 기간 수당을 높이는 것을 골자로 한다. 독일만 하더라도 육아휴직 기간 수당이 기존 월급과 비슷한 수준이다. 프랑스는 육아휴직을 최대 3년까지 쓸 수 있다. 하지만 육아휴직이 길다고 좋은 것이 아니다. 3년간 일터에서 멀어지면 보수가 적고 일터에 돌아오기도 쉽지 않다.

출산율에 영향을 미치는 다른 주요한 요인은.

▷여성의 지위도 출산율에 큰 영향을 미친다. 성별 간 불평등이 심한 국가일수록 출산율이 낮다. 북유럽은 남녀 간 임금 격차가 작다. 남유럽은 보수는 물론 가사 분담에 있어서도 불평등이 심한 편이다. 여성의 교육 수준이 올라가는 상황에서 자신의 커리어를 발전시키겠다고 하면 가족 형성을 늦출 수밖에 없다.

한국의 합계출산율은 0.7명대다. 어떤 정책이 필요하다고 보나.

▷먼저 주거 정책이 필요하다. 너무 작은 곳에 살면 자녀를 키울 공간이 없

기 때문이다. 육아휴직도 중요하다. 쉽게 쓸 수 있고 급여도 보장된다면 출산율 상승에 도움이 될 것이다. 아이를 키우려면 보육시설도 고려해야 한다. 프랑스는 만 3세부터 자녀를 유치원(École maternelle)에 보낼 수 있다. 공립이기에 가정의 부담이 작다.

프랑스의 혼외 출산 비중이 높다는 점에서 한국에서도 출산율을 끌어올리기 위해 프랑스의 시민연대계약(PACS)과 같은 '동거혼'을 제도화해야 한다는 주장이 나온다.

▷프랑스도 50~60년 전에는 혼외 출산을 수치스러운 일로 여기며 기피했다. 하지만 어느 순간 사회 인식이 바뀌기 시작하며 혼외 출산이 많아졌다. 자연스럽게 과거 혼외 출산으로 낳은 아이에게 제한됐던 권리를 결혼한 부부 사이에서 낳은 아이와 똑같이 보장할 수 있도록 정책을 마련했다. PACS가 제도화하기 전에도 애초에 혼외 출산이 많았던 상황이었다고 할 수 있다. 혼외 출산이 많아지면서 아버지가 자식을 인정하는 비중이 과거보다 크게 높아졌다. 이 경우 상속받을 권리를 인정받게 되는 점이 중요했다.

프랑스 국립연구연구소(INED) 전경.   사진: 프랑스 우수민 기자

동자들에게 가족과 함께 정착하고 출산할 권리를 제공할지, 그래서 이들을 한국인으로 받아들일지를 생각해봐야 한다.

프랑스는 톨레랑스(관용)의 나라로 유명하지만, 최근 이민자에 대한 반발로 극우정당이 득세하고 있다.

▷사회적 인식 개선이 중요해 보인다. 이민을 막자는 주장이 나오지만 이는 현실적으로 불가능하다. 이민은 프랑스 사회에서 항상 존재해왔다. 현재 프랑스인의 10분의 1이 이민자이며, 4분의 1은 이민자이거나 이민자의 2세대. 3분의 1은 이민자이거나 그 2세대거나 3세대다. 이렇게나 이민자 비중이 높다. 거짓된 편견은 바로잡는 것이 중요하다.

한국에서는 저출산이 워낙 심각하니 이민을 적극적으로 받아야 한다는 논의가 나온다. 이민이 인구 문제 해결에 돌파구가 될 수 있을까.
▷노동력이 부족하면 당연히 이민자라도 받아야 한다. 하지만 제한적으로 노동 인력의 이민을 받아들이는 중동 국가처럼 이민을 허용한다면 출산율에 영향을 미치기 어렵다. 한국도 이주 노

부울경을 아시아의 더블린으로

과밀은 번식을 단념케 한다

지구상에 현생 인류가 처음 출현한 것은 지금으로부터 약 35만년 전 중기 홍적세로 불리는 시기인 것으로 추정된다. 그리고 '도시'라는 공간을 구성하고 다 함께 모여 살았던 것은 기원전 약 4000년 무렵 메소포타미아를 그 기원으로 본다. 즉 인류가 약 24시간 전 등장했다고 치면 도시 생활은 불과 16분 전에 시작한 것이다. 고도로 발달한 공간에 살고 있는 것과 달리 사람의 집단 무의식과 행동 패턴은 과거 수렵·채집 시절의 그것과 크게 변하지 않았을 것이라고 유추할 수 있는 부분이다.

이 같은 추론에 기대어 번식이라는 생명체 작동의 절대 원리를 거스르는 인류의 기이한 선택의 기원을 알아보기 위해선, 동물이 어떤 상황에서 번식을 포기하는지를 살펴보는 것이 하나의 방법으로 보인다.

행동과학자 존 캘훈의 '생쥐 유토피아' 실험은 꽤 좋은 사례다. 캘훈은 1968년 완벽한 생존 여건을 갖춘 $7.53\,m^2$의 실험 공간에 생쥐 4쌍을 풀어 넣었다. 음

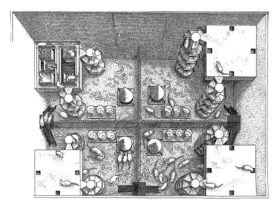

존 B 캘훈의 '생쥐 유토피아 실험 도식도'(워싱턴포스트)

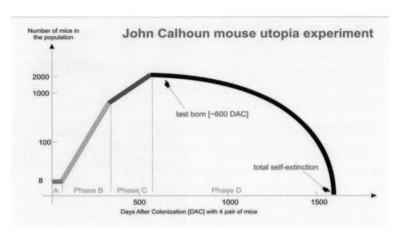

생쥐 유토피아 내 개체 수 추이(imprific에서 발췌)

식은 풍부하게 공급됐고 천적은 전혀 없는, 쥐들의 천국과 같은 공간이었다. 긍정적인 조건에서 쥐들은 왕성한 번식력을 보여주었고 개체 수는 급격히 늘었다. 개체는 55일마다 2배씩 늘어나 315일에는 660마리로 불었다. 공간은 최대 5000마리를 수용할 수 있었다. 이윽고 600일 차에는 2200마리로 최고점을 찍기까지 했다.

이상 현상은 300일이 넘어섰을 때부터 발견됐다. 출산은 점차 감소했고, 쥐들 간 공격적인 행동이 증가했다. 암컷들은 새끼를 돌보지 않거나 충분히 성숙하지 않은 상황에서 거처에서 쫓아내기에 바빴다. 심지어 새끼를 공격하거

나 죽이는 행동을 보이는 개체들도 발견됐다. 쥐들끼리 번식 공간을 놓고 경쟁했고, 여기서 밀려난 쥐들은 공격성을 보였다. 시간이 지날수록 경쟁에서 이긴 수컷도 짝짓기에 그다지 흥미를 보이지 않았다. 일부 쥐들은 더 이상 번식 행위를 하지 않고 스스로를 가꾸는 데만 치중하기 시작했다.

결국 2200마리로 정점을 찍은 쥐 개체 수는 더 이상 생쥐가 태어나지 않아 122마리까지 줄어들게 된다. 캘훈은 실험 1800일째가 되던 날 '그냥 두면 쥐들이 전멸한다'며 실험을 중단하기에 이른다.

실험은 동물에게 사회적 가용 공간이

막바지에 달하면 경쟁이 과열되며 이에 따라 출산을 중단하는 등 이상 현상을 반복할 수 있다는 함의를 보여준다. 캘훈은 만약 인류가 기하급수적인 인구 증가 속도를 늦추지 못한다면 2027년 비슷한 멸종이 닥칠 수 있다고까지 전망했다.

캘훈의 실험은 인위적인 환경 속에 이뤄졌고, 추가 연구에서 여러 가지 맹점을 지적받았다. 그러나 학자들은 실험 결과가 과밀화로 인한 경쟁 그리고 출산율 감소 현상의 맥을 짚을 수 있는 힌트를 준다고 봤다.

올리버 승 미국 캘리포니아대학 심리학 교수

미래를 위해 현재를 포기한 청년들

동물이 아닌 인간의 행동 패턴과 인구 과밀과의 상관관계는 어떨까. 미국 캘리포니아대의 심리학 박사 올리버 승은 2017년 "인구 과밀화가 사람들에게 미래에 대해 더 생각하게 한다"는 연구 결과를 발표했다.

승 박사는 미국의 주별 인구 밀도 수치를 교육 투자, 노후 대비 저축, 기타 미래 계획에 대한 시민들의 응답 등 데이터와 비교했다. 분석 결과 인구 밀도가 높은 지역에 사는 사람들은 장기적인 보상이 있는 활동에 대한 선호도가 훨씬 높았다. 승 박사는 하버드비즈니스리뷰와의 인터뷰에서 "일반적으로 유기체는 현재에 집중하고 일찍 번식해 많은 자손을 낳는 '빠른' 삶을 살거나, 자기계발과 장기적인 관계, 적은 자녀에 집중하는 '느린' 삶을 추구한다"고 말했다. 이어 "인간은 경쟁이 치열한 인구 밀집 지역에서 성공을 위해 자신과 자녀에게 더 많은 투자를 해야 한다고 느낀다"고 덧붙였다.

연구에 따르면, 인구 밀도가 높은 국가

는 성적 개방성이 낮고 출산율이 낮으며 유치원 취학률이 높았다. 현재의 문제를 해결하기보다는 미래를 위한 계획에 사회적으로 더 중점을 두고 있는 것으로 나타났다. 구체적으로 미국의 50개주 중 결혼을 늦게 하고 자녀를 적게 낳고 교육과 은퇴 후의 계획에 집중하는 주들은 인구 밀도가 높은 곳들이었다.

승 박사의 실험은 이렇게 진행됐다. 참가자들의 절반은 '미국 인구가 전례 없는 속도로 증가하고 있다'는 가상의 신문 기사를 읽은 뒤 "내일 100달러를 받거나 90일 후 150달러를 받는 것 중 어떤 것을 선택할 것인가"라는 질문을 받았다. 나머지 절반은 기사를 읽지 않고 같은 질문을 받았다. 그 결과 기사를 읽은 사람들은 나중에 있는 더 큰 보상을 선호한 것으로 나타났다. '인구 과밀'이라는 개념이 미래 대비에 더욱 신경 쓰게 한 것이다.

또 다른 실험은 참가자 중 일부에게 사람들이 말하는 소리나 백색 소음으로 구성된 오디오 클립을 듣고 질문에 답하도록 했는데, 이 실험에서도 군중 소리를 들은 사람들은 장기적인 보상을 더욱 선호한다는 결과가 나타났다.

이러한 연구 결과는 인구 과밀화가 출산율 감소에 미치는 영향에 대한 논의에 중요한 근거를 제공한다. 인구 밀집 지역의 거주민들이 장기적인 계획과 자녀 교육에 더 많은 투자를 하려는 경향이 있음을 고려할 때, 이는 자연스럽게 출산율 감소로 이어질 수 있다. 높은 생활 비용, 주거 공간의 제한, 교육과 양육에 대한 높은 기대치는 부모가 될 사람들이 자녀를 더 적게 가지거나 아예 가지지 않도록 영향을 미칠 수 있다. 승 박사의 연구는 인구 밀집이 미래 세대의 구성에 깊은 영향을 미칠 수 있음을 시사하며, 이는 정책 입안자들이 인구 정책과 가족 계획 프로그램을 설계할 때 고려해야 할 중요한 요소로 부상한다.

대한민국은 서울 공화국

과밀화 정도와 구성원 행동 패턴의 상관관계를 암시한 위 실험들은 2024년 대한민국에 무거운 메시지를 던진다. 한국 사회는 서울을 중심으로 한 수도권이 비수도권으로부터 모든 노동력과 자본을 빨아들이는 구조다. 해가 갈수록 심각해지는 수도권 과밀화 현상을

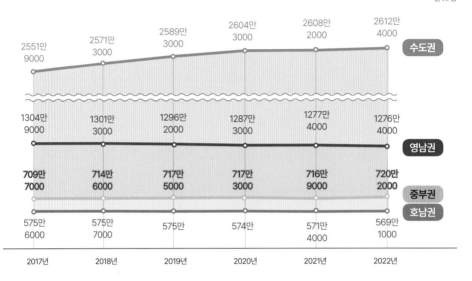

2017~2022년 늘어나는 수도권 인구

단위: 명

	2017년	2018년	2019년	2020년	2021년	2022년	
수도권	2551만 9000	2571만 3000	2589만 3000	2604만 3000	2608만 2000	2612만 4000	수도권
영남권	1304만 9000	1301만 3000	1296만 2000	1287만 3000	1277만 4000	1276만 4000	영남권
중부권	709만 7000	714만 6000	717만 5000	717만 3000	716만 9000	720만 2000	중부권
호남권	575만 6000	575만 7000	575만	574만	571만 4000	569만 1000	호남권

자료: 통계청

역전시키지 않으면 세계 최저 수준의 저출산 현상은 끝내 풀리지 않는 숙제가 될 수 있다.

통계청 자료에 따르면 2022년 한국 총인구 5169만명 중 수도권 인구는 2612만명에 달했다. 전체 인구의 50.5% 수준이다. 수도권 인구 비중은 2019년 처음으로 절반을 기록한 후 해마다 높아지고 있다. 2017년 기준 49.6%였던 비중은 2018년 49.8%, 2019년 50.0%, 2020년 50.2%, 2021년 50.4% 등으로 매년 0.2%포인트가량 늘었다.

반대로 비수도권의 인구 유출은 심각한 상황이다. 2022년 기준 권역별로 영남권은 약 10만명이 빠져나갔고, 호남권은 2만3000명이 감소했다. 수도권과 거리상 가까운 중부권만 3만3000명 증가했을 뿐이다. 시군구로 범위로 좁히면 전국 229개 시군구 중 155개에서 인구가 빠져나갔다.

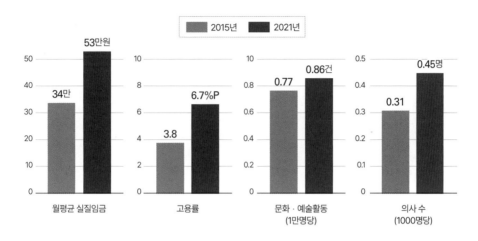

일자리·문화·의료 분야별 수도권-비수도권 격차

2015년 ■ 2021년

월평균 실질임금: 34만 / 53만원
고용률: 3.8 / 6.7%P
문화·예술활동(1만명당): 0.77 / 0.86건
의사 수(1000명당): 0.31 / 0.45명

자료: 한국은행

인구 증가폭이 큰 시군구 상위 10곳 중 8곳은 수도권에 속했다. 인천 서구(3만 명), 경기 화성시(2만5000명), 경기 평택시(1만6000명) 등 순이었다. 상위 10곳 중 세종시(1만6000명), 충남 아산시(1만400명)만이 비수도권 지역이었다. 이들 지역은 정부 부처가 밀집해 있거나 첨단전략산업 특화단지로 지정된 곳이다.

수도권 쏠림 현상은 특히 청년 세대에서 더욱 두드러진다. 통계청 자료에 따르면, 2000년부터 2021년까지 수도권의 청년 취업자(15~39세) 비중은 50.8%에서 56.4%로 5.6%포인트 증가했다. 반면 비수도권은 같은 기간 49.2%에서 43.6%로 감소했다.

수도권으로 유입된 청년들도 매년 증가 일로다. 2013~2022년 수도권의 20대 순인구 이동 규모는 59만1000명인데, 같은 기간 전체 인구 유입 규모가 27만9000명으로 나타났다. 20대를 제외한 연령대에서는 수도권에서 비수도권으로 인구가 빠져나간 것이다.

수도권이 인구, 특히 청년 인구의 블랙홀이 된 것은 취업과 학업 등이 주요 원인으로 꼽힌다. 한국은행의 '지역 간 인구 이동과 지역경제' 보고서에 따르면 청년층의 지역 이동 요인은 고용률, 경제성장률 등과 연관이 있는 것으로 나타났다. 특히 2015년 이후 수도권과 비수도권 간 임금과 고용률, 성장률 격차가 커지면서 청년의 비수도권 유출도 심화됐다.

실제 2015년과 2021년의 수도권·비수도권 상황을 비교하면, 월평균 실질임금 격차는 34만원에서 53만원으로 벌어졌다. 고용률 차이도 3.8%포인트에서 6.7%포인트로 확대됐다. 문화와 의료 서비스 격차도 있었다. 1만명당 문화예술 활동 격차는 0.77건에서 0.86건으로, 1000명당 의사 수 격차는 0.31명에서 0.45명으로 커지면서 불균형이 심화된 것이다.

"첨단산업도 서울로" 굳어지는 남방한계선

인구가 밀집된 것 못지않게 수도권 '몰빵'이 확연하게 보이는 분야가 서비스업과 첨단산업 일자리다. 다소간의 넓은 분포를 보이는 제조업과 달리 향후 한국 사회의 핵심 산업으로 거듭날 이

뚜렷하게 보이는 청년 취업의 수도권 남방한계선

청년 산업인력의 직종별 전국 고용 분포 분석 결과

2013~2019년 청년고용 비중 증가지역 분포
(격자단위 국토공간 분석 결과)

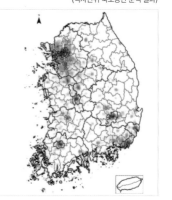

출처: 조성철 외 2019, 71~72.

자료: 국토연구원

분야 일자리 등은 수도권 이외의 지역에서는 찾아볼 수 없는 수준으로 일종의 '남방한계선'을 형성하고 있다.

실제 근년간 취업준비생들은 사무직은 경기 판교를 뜻하는 '판교라인', 기술직 엔지니어는 경기 용인시 기흥을 뜻하는 '기흥라인'을 취업을 위한 마지노선으로 보고 있다. 국내 스타트업의 산실인 판교라인과 평택 삼성반도체클러스터, 화성 현대차 남양연구소 등과 인접한 기흥라인 아래로는 '먹거리'가 없다는 것이다.

국토연구원도 2020년 '밀레니얼 청년 세대를 위한 산업 입지 공급 방향'이란 보고서를 통해 '남방한계선'을 재확인했다. 연구원에 따르면, 연구직과 전문직 청년 고용은 정부 연구기관이 집적한 대덕연구개발특구를 제외하면 서울 및 수도권 대도시 지역에 대거 집중돼 있다. 청년 고용 비중이 증가하는 지역은 철과 목재로 이뤄진 전통적 산업 공간이 아닌 밀레니얼 세대가 매력을 느끼는 도시에 분포하고 있다는 것이다.

각종 통계에서도 이 같은 현상이 드러난다. 산업연구원 분석 결과 지역별 사업체 수 비중을 보면 비수도권(53.0%)이 수도권(47.0%)보다 많지만 매출액

기준 1000대 기업으로 한정하면 86.9%가 수도권에 있다. 청년 취업자를 빨아들이는 스타트업으로 한정하면 집중도는 더욱 뚜렷해진다. 스타트업얼라이언스의 '2019년 스타트업 주소 분석 트렌드 리포트'에 따르면 10억원 이상 투자를 받은 575개 스타트업 중 90%가 수도권, 80% 이상이 서울, 절반이 강남·서초구, 3분의 1이 테헤란밸리 부근에 있다. 2023년 벤처기업협회의 발표에 따르면 2021년 2월 벤처확인제도가 개편된 이후 인수·합병을 거친 벤처기업 78개 중 83.3%인 65개가 수도권 소재 기업이었다.

사정이 이렇다 보니 지역 간 생산성 차이도 급격하게 벌어지고 있다. 지역별 생산 규모를 나타내는 지역내총생산(GRDP)을 비교하면 전체의 절반 이상인 52.5%(2022년 기준)가 수도권에 몰려 있었다. 1인당 GRDP 연평균 증가율(2016~2022년 기준)은 수도권은 3%대인 반면 비수도권은 1%대였다.

일자리의 수도권 쏠림 현상의 시작은 2006년 수도권정비계획법 시행령을 단초로 보는 이들이 많다. 당시 정부는 경기 파주에 LG디스플레이 공장을 짓도록 허용했다. 이후 수도권 공장 신증설

규제가 완화됐고, 수도권 규제 대상에서 경기 북부가 빠졌다. 지난 정부에서도 해외에서 국내로 귀환하는 제조기업의 입지 제한을 자유롭게 했다.

정부가 지방투자촉진보조금과 고용위기지역 등을 도입해 지역 투자 활성화를 꾀했지만 역부족이란 평가가 많다. 한 예로 2021년 기업의 지방 이전과 투자를 유도하기 위해 지방투자촉진보조금의 문턱을 낮췄다. 신청 요건을 영업 기간 3년 이상에서 1년 이상으로 완화하고, 직전연도 부채 비율이 500% 이상이어도 분기·반기 부채 비율이 500% 미만이면 허용하도록 했다. 그러나 신청 기업 수는 큰 변동 없이 유사한 수준을 이어가고 있다.

이러한 현상에 대응하기 위해 정부와 지방자치단체가 취해야 할 조치는 다면적이어야 할 필요가 있다. 정부는 첨단산업과 서비스업의 지역 분산을 유도하기 위해 보다 구체적이고 강력한 정책을 도입해야 한다. 이는 단순히 기업에 경제적 인센티브를 제공하는 것을 넘어, 지방 대학과 연구소의 연구개발 능력 강화, 지역 내 첨단 산업 클러스터 조성을 위한 인프라스트럭처 투자 그리고 지역 인재 육성을 위한 교육 프로그램 개발 등 종합적인 접근을 고려할 만하다.

청년 세대의 지역 정착을 유도하기 위한 전략을 형성할 경우, 고품질 생활 환경 조성의 중요함이 강조되고 있다. 주거, 교육, 의료 서비스 질 향상과 더불어, 젊은이들이 즐길 수 있는 다양한 레저 및 문화 활동의 기회 확대가 필수란 뜻이다.

이러한 방향성은 청년들이 단순한 취업 기회를 넘어 그들의 취향과 라이프 스타일을 반영한 다채로운 생활을 지역 내에서도 누릴 수 있도록 하여, 장기적으로 지역에 머물고자 하는 욕구를 자극하는 데 중점을 두고 있다.

수도권 집중의 이면, 20대 여성의 상경

청년층의 수도권 집중이란 담론을 한 꺼풀 벗겨보면 20대 여성의 상경이 두드러지는 것을 볼 수 있다. '시사IN'이 2001~2022년 통계청 자료를 분석한 자료에 따르면, 2010년대 중반부터 20~24세 여성의 수도권, 특히 서울 이주가 급속하게 늘어난 것을 확인할 수 있다.

2022년 기준 20~24세 여성의 서울로의

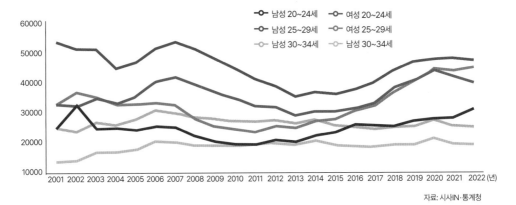

2001~2022년 성·연령별 청년층 서울 이주 추이

단위:명

범례: 남성 20~24세 · 여성 20~24세 · 남성 25~29세 · 여성 25~29세 · 남성 30~34세 · 남성 30~34세

자료: 시사N·통계청

순전입 규모는 2만4322명이다. 같은 연령대 남성(1만3682명)과 25~29세 남성(1만3431명)과 비교해도 유의미하게 큰 수준이다. 20대 여성의 이주는 주로 1인 가구 형태로 이뤄지고 있다는 특징도 있다. 전체 이동 인구 중 20~24세 여성 1인 가구의 비중은 2015년 0.35%에서 급격하게 높아져 2022년 0.72%까지 다다랐다. 25~29세 여성 1인 가구 역시 같은 기간 0.38%에서 0.64%로 증가했다. 전국 인구 이동 중 20대 여성이 서울로 홀로 이동하는 비중이 1.36%라는 뜻이다.

20대 여성의 인구 이동 원인은 역시 일자리로 보인다. 통계청 자료를 분석한 결과 20~39세 여성의 고용률은 2005년 기준 수도권과 비수도권이 각각 56.9%와 52.7%였다. 이후 여성의 사회 진출 증가에 힘입어 두 지역의 고용률이 높아졌지만 그 차이는 유의미하게 커졌다. 지난해 수도권 20~30세 여성의 고용률이 70.9%였던 반면 비수도권은 62.7%에 그쳤다. 두 지역 간 차이가 4.2%포인트에서 8.2%포인트로 2배 가까이 벌어진 것이다.

젊은 여성들이 원하는 일자리를 비수도권 지역에서는 쉽게 찾아보기 힘들다는 점도 이 같은 현상을 부채질한다. 미디어나 디자인, IT 관련 업종 등이 대표적이다.

2023년 학생 희망직업 조사

단위 : %

구분	초등학생				중학생				고등학생			
	남학생	비율	여학생	비율	남학생	비율	여학생	비율	남학생	비율	여학생	비율
1	운동선수	21.8	교사	8.7	운동선수	8.9	교사	11.2	컴퓨터공학자/소프트웨어개발자	6.1	간호사	9.0
2	크리에이터	8.6	의사	7.8	교사	7.1	의사	7.1	교사	5.6	교사	7.0
3	의사	6.4	가수/성악가	5.9	의사	5.2	시각디자이너	4.3	CEO/경영자	3.6	뷰티디자이너	4.4
4	요리사/조리사	5.1	제과·제빵원	5.5	경찰관/수사관	4.6	뷰티디자이너	3.6	경찰관/수사관	3.5	생명과학자 및 연구원	4.1
5	프로게이머	4.6	운동선수	4.9	컴퓨터공학자/소프트웨어개발자	4.2	약사	3.4	건축가/건축공학자	3.3	의사	3.1
6	경찰관	4.2	만화가/웹툰작가	4.1	CEO/경영자	4.1	간호사	3.1	생명과학자 및 연구원	3.3	보건·의료 분야 기술직	3.0
7	법률전문가	3.6	요리사/조리사	3.4	군인	3.8	제과·제빵원	3.1	의사	3.0	광고·마케팅 전문가	2.6
8	과학자	2.7	뷰티디자이너	3.3	요리사/조리사	3.3	경찰관/수사관	2.9	간호사	2.8	시각디자이너	2.4
9	회사원	2.3	작가	3.2	회사원	2.7	배우/모델	2.8	운동선수	2.6	감독/PD	2.2
10	교사	2.1	수의사	3.2	크리에이터	2.6	만화가/웹툰작가	2.5	군인	2.6	항공기승무원	2.2
	누계	61.2	누계	49.9	누계	46.6	누계	43.9	누계	36.3	누계	40.0

자료: KDI

한국개발연구원(KDI)이 2023년 발표한 학생 희망직업 조사 결과에 따르면 여자 중학생의 희망직업 상위 10개엔 시각디자이너, 뷰티디자이너, 배우·모델 등 미디어나 디자인 분야 직업이 다수 분포했다. 여자 고등학생도 상황은 비슷했다. 뷰티디자이너, 광고·마케팅 전문가, 시각디자이너, 감독·PD, 항공기 승무원 등 절반 이상이 문화예술 분야 직업들이었다.

이러한 데이터와 조사 결과를 바탕으로, 정책 입안자들은 젊은 여성들의 수도권 집중 현상을 고려하여 보다 균형 있는 지역 발전 정책을 수립해야 할 필요가 있다. 특히 일자리 창출 및 교육 기회 확대와 같은 정책을 통해 비수도권 지역에서도 젊은 여성들이 선호하는 분야의 기회를 제공함으로써 이러한 인구 이동 추세를 완화할 수 있을 것이다. 또 문화예술 및 IT 관련 직업에 대한 접근성을 비수도권 지역에서도 높임으로써 지역 간 경제 격차를 줄이고 다양한 직업 선택의 폭을 넓힐 수 있다.

이와 더불어 1인 가구 형태로 수도권에 이주하는 젊은 여성들의 생활 환경과 안전, 주거 문제에 대한 지원 정책 역시 중요하다. 이는 단순히 인구 분포의 균형을 맞추는 것을 넘어, 젊은 세대가 겪는 다양한 사회적 문제를 해결하고 지속 가능한 사회 발전을 도모하는 데 필수적인 조치다. 정부와 지방자치단체는 이러한 현상에 대응하여 비수도권 지역의 매력을 높이고, 젊은 세대가 원하는 직업을 가질 수 있도록 다양한 기회를 제공하기 위한 장기적이고 포괄적인 전략을 모색해야 할 것이다.

'서울 10곳'이 아닌 '제2의 서울'이 필요

전 세계에 유례가 없는 0.7명대 합계출산율을 극복하기 위해선 근본적으로 극단적인 수도권 인구 집중을 해소해야 한다고 전문가들은 입을 모은다.

지금까지 균형발전을 위한 국가적 노력이 없었던 것은 아니다. 가장 대표적인 정책이 약 20년 전 노무현 정부가 방아쇠를 당긴 '공공기관 지방 이전' 정책이다. 당시 2005년 기준 전국 409개 공공기관 가운데 약 85%에 해당하는 346개 공공기관이 수도권에 자리하고 있었다. 이에 따라 수도권 소재 공공기

전국 혁신도시 및 공공기관 이전 현황

단위:곳
※이전기관 수 기준

강원(원주) 12
경북(김천) 11
충북(진천·음성) 11
대구(신서) 10
전북(전주·완주) 12
울산(우정) 9
부산(동삼·문현·대연·센텀) 13
전남(나주) 16
제주 6
경남(진주) 11

자료:국토교통부

혁신도시별 개발 유형 및 총사업예산 규모

유형	혁신도시	모도시 인구(만명)	이전인원(명)	계획인구(명)	총사업예산(억원)
재개발	부산	342	3,385	7,000	4,493
신시가지	대구	245	3,706	22,000	15,292
	울산	115	3,678	20,000	11,090
	경남	35	4,399	38,000	10,469
	제주	17	705	5,000	3,473
신도시	광주·전남	11	7,641	50,000	14,734
	강원	35	7,157	31,000	9,212
	충북	18	3,022	39,000	10,623
	전북	75	5,400	29,000	15,851
	경북	14	5,370	27,000	9,444

주: 1) 모도시 인구는 혁신도시가 속한 광역시나 시군의 2021년 6월 기준 인구를 의미함.
2) 총사업예산은 2015년 말 기준임.

자료: 국토교통부(2016~2021)

관 가운데 176개가 이전 대상으로 선정됐다. 통폐합을 거쳐 최종적으로 153개 기관이 개별 이전하거나 혁신도시로 이전됐다.

이후 전국 16개 광역시도 가운데 수도권과 충남·대전을 제외한 11개 시도에 10개의 혁신도시가 생겨났다. 그러나 부산을 제외한 대부분 지역이 낮은 가족 동반 이주율을 보이며 당초 계획인구를 달성하지 못했다.

통계청과 KDI에 따르면 혁신도시 이전이 집중된 2014년 이후 수도권으로부터의 인구 유입이 늘기 시작했지만, 2018년 이후에는 주변 지역 인구만 빨아들였다. 그나마 주변 대도시의 기반시설과 인적자원을 활용할 수 있는 혁신도시에서 가족 동반 이주율이 높았다. 기본적으로 광역시급 인프라를 이용할 환경이 못 된다면 직장이 이전한다 한들 새롭게 인구를 끌어당기기 어렵다는 의미다.

이전의 실패를 답습하지 않으려면 수

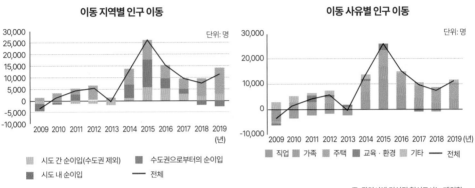

혁신도시의 이동 지역별 및 이동 사유별 인구 이동

이동 지역별 인구 이동
단위: 명

- 시도 간 순이입(수도권 제외)
- 수도권으로부터의 순이입
- 시도 내 순이입
- 전체

이동 사유별 인구 이동
단위: 명

- 직업
- 가족
- 주택
- 교육·환경
- 기타
- 전체

주: 광역시에 건설된 혁신도시는 제외함.
자료: 통계청 '국내인구이동통계'

도에 필적할 만한 제2의 도시부터 키워야 한다는 주장이 설득력을 얻는 이유다. 한국은행 역시 2023년 '지역 간 인구 이동과 지역경제' 보고서를 통해 "현실적으로 비수도권에서 수도권에 맞먹는 기대소득과 서비스를 제공하는 건 쉬운 일이 아니다"며 "수도권의 이점은 압도적인 인구와 산업 집중에 따른 집적경제 그리고 규모와 범위의 경제에 기인한다"고 짚었다.

이어 "비수도권에서 집적이익을 최대한 확보하려면 결국 일정 지역에 자원과 인프라를 대규모로 집중하는 것이 불가피하며, 그러한 집적이 가능한 곳은 이미 상당 규모를 갖추고 지역 중심지 역할을 어느 정도 하고 있는 대도시들"이라고 분석했다.

그러면서 한국은행은 비수도권에 추가로 새로운 대도시를 조성하기는 어려우니 소수 거점도시라도 일정 규모를 유지하며 경쟁력을 지키는 것이 현실적이라고 제언했다. 실제로 한국은행에 따르면 OECD 국가별로 2~4위 거점도시 인구가 수도(1위 도시)를 제외한 나머지 지역에서 차지하는 비중이 클수록 전국 인구에서 수도 거주 비중은 낮아지는 것으로 나타났다. 비수도권 지역이 저마다 비슷한 규모를 나눠 갖기

거점도시 비중지수와 수도 비중

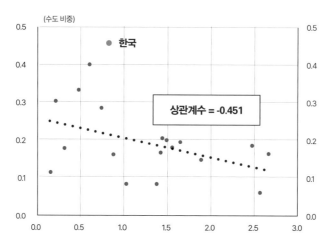

(수도 비중)

상관계수 = -0.451

● 한국

자료: OECD · 한국은행

주: 1) 지역구분(FUA)이 5개 이상인 21개 국가 기준이며
거점도시 비중지수가 각각 5.6, 6.4인 일본, 미국은 그림에서 제외

보다 소수 거점도시를 중심으로 인구를 집중하는 것이 수도권 팽창 견제에는 효과적이라는 의미다.

한국의 경우 지역구분(FUA) 기준 수도권 비중은 OECD 21개 국가 가운데 1위를 기록한 반면 거점도시 비중지수는 하위권에 속하고 있다.

한국은행은 수도권-거점도시-비수도권(거점도시 제외) 인구 이동 양상이 변화함에 따라 전체 인구가 어떻게 달라지는지도 분석했다. 그 결과 현재 청년층 이동 양상이 그대로 유지될 경우 30년 후인 2053년에는 수도권 인구가 2363만명으로 전국의 53.1%에 이르는 것으로 나타났다.

반면 거점도시와 비수도권에서 수도권으로 이동하는 청년층이 지금보다 절반으로 줄었을 경우에는 수도권 비중이 51.2%(2300만명)로 떨어졌다. 또한 거점노시에서 수도권으로의 이동이 현재의 10%로 줄고 비수도권에서는 수도권으로의 이동 중 절반이 거점도시로 대

인구 이동 시나리오별 인구 시뮬레이션[1]

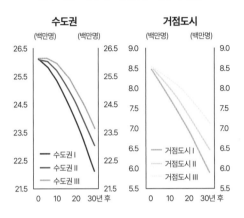

수도권

(백만명) (백만명)

26.5 — 26.5
25.5 — 25.5
24.5 — 24.5
23.5 — 23.5
22.5 — 22.5
21.5 — 21.5

— 수도권 I
— 수도권 II
— 수도권 III

0 10 20 30년 후

거점도시

(백만명) (백만명)

9.0 — 9.0
8.5 — 8.5
8.0 — 8.0
7.5 — 7.5
7.0 — 7.0
6.5 — 6.5
6.0 — 6.0
5.5 — 5.5

— 거점도시 I
— 거점도시 II
— 거점도시 III

0 10 20 30년 후

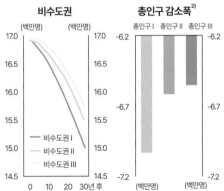

비수도권

(백만명) (백만명)

17.0 — 17.0
16.5 — 16.5
16.0 — 16.0
15.5 — 15.5
15.0 — 15.0
14.5 — 14.5

— 비수도권 I
— 비수도권 II
— 비수도권 III

0 10 20 30년 후

총인구 감소폭[2]

총인구 I 총인구 II 총인구 III

-6.2 — -6.2
-6.7 — -6.7
-7.2 — -7.2

(백만명) (백만명)

주: 1) I, II, III는 각각 시나리오I, 시나리오II, 시나리오III 를 의미
2) 2023년 대비 2053년 총인구 감소폭

체돼 거점도시 유입이 크게 늘어날 경우에는 수도권 비중이 49.2%로 절반을 밑도는 것으로 나타났다.

전체 인구 감소폭 자체도 거점도시로 인구가 집중될 경우 줄어드는 것으로

나타났다. 거점도시에서 수도권으로의 이동이 현재의 10%로 줄고 비수도권에서는 수도권으로의 이동 중 절반이 거점도시로 대체될 경우 30년간 인구 감소폭은 655만명으로, 현재의 인구 이동 양상이 유지될 경우(703만명)보다 48만명 적었다. 거점도시와 비수도권 출산율이 수도권보다 높기 때문이다.

부울경에 찾아온 문명사적 기회

수도권에 견줄 만한 제2의 도시를 키운다면 그 도시는 현재 2위 거점도시인 '부산'이 되는 것이 가장 합리적으로 보인다.

이때 한국이 마주한 문명사적 기회에 주목해야 한다는 제언이 나온다. 김태유 서울대 명예교수는 2021년 발간한 저서 '한국의 선택'에서 '북극항로'를 언급했다. 최근 지구온난화로 인해 북극 빙하가 녹아내리면서 북극항로가 열리기 시작했다. 대서양에서 러시아 북쪽 해안을 거쳐 베링해협과 태평양에 이르는 항로가 북동항로, 대서양에서 캐나다 북쪽 해안을 거친 항로가 북서항로다.

이 항로를 통하면 부산부터 네덜란드

암스테르담까지 거리가 현재 남쪽 수에즈운하를 거친 경로보다 약 30%가 짧다. 여기에 영토 분쟁이나 해적 출몰이 잦은 남쪽 항로에 비해 해역 전체가 러시아 영해권인 북동항로가 안전성도 훨씬 높다는 평가다. 그리고 이 항로는 부산 인근 대한해협을 지나고 있다.

항로의 중요성은 역사적으로 증명된다. 하나의 길이 열리면 새로운 시대도 열리기 때문이다. 한국이 '한강의 기적'을 이룬 데에 경부고속도로가 견인차 역할을 했다는 점이 대표적이다. 시야를 넓혀 보면 인류 문명 자체가 큰길을 중심으로 발전해왔다는 평가다. 김 명예교수는 "실크로드 시대에 중국 장안부

북극해 북극항로 현황

터 이탈리아 로마가 발전했고, 대서양 항로가 뚫리고는 스페인 세비야, 네덜란드 암스테르담, 영국 런던이 번영해왔다"고 설명했다.

그는 북극항로가 뚫리면 한국이 인류 문명의 중심에 설 기회가 될 것이라고 강조했다. 이 거점 항로를 두고 중국, 대만, 홍콩, 일본 등과 경쟁해 기회를 잡으려면 그 토대를 닦아놔야 한다는 것이 그의 지론이다. 김 명예교수는 "유럽연합(EU)의 수도가 프랑스나 독일이 아닌 벨기에에 있는 이유는 강대국에 힘이 쏠리는 것을 방지하기 위함"이라며 "우리에게는 충분히 기회가 많다"고 말했다.

그러면서 "부산 · 울산 · 경남 지역은 에너지 공급이 잘되고 인구가 상당히 많은 데다 우리나라 최대 항구인 만큼 이들 지역은 세계 최대 항구 도시로 발전할 잠재력이 충분하다"고 덧붙였다. 해양수산부에 따르면 부산항의 총 물동량(2022년 기준)은 2208만 TEU(Twenty Foot Equivalent Unit)로, 전 세계 컨테이너 항만 가운데 세계 7위 수준이다.

주요국·아일랜드 GDP 대비 재정수지 비교

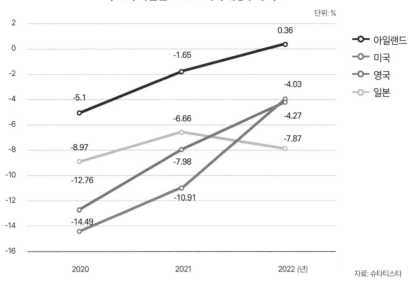

단위: %

자료: 슈타티스타

'코스모폴리탄' 부울경 이루려면

부산 · 울산 · 경남이 수도에 필적할 만한 도시로 성장하려면 서울에 없는 차별적 경쟁력이 필요하다. 그 힌트를 얻기 위해 아일랜드 더블린을 주목할 필요가 있다.

아일랜드는 1990년대까지만 해도 유럽에서 가장 가난한 국가로 꼽혔다. 그러나 2022년 아일랜드는 1인당 GDP 10만달러를 달성하며 도시국가를 제외하고 전 세계에서 1인당 GDP가 가장 높은 국가가 됐다. 역사적으로 아일랜드를 400여 년간 지배한 영국의 2배, 한국의 3배 수준이다. 2022년 아일랜드의 경제성장률은 15.7%로 유로존 평균(1.9%)을 크게 웃돌았다.

물론 아일랜드의 급격한 경제 성장을 두고 비판적인 시각도 존재한다. 실물경제와 일정 부분 괴리가 있는 '통계 착시'라는 주장이다.

그럼에도 분명한 사실은 2022년 아일랜드 재정수지가 흑자 전환했다는 점이다. 2023년에도 100억유로가 넘는 재정흑자를 기록할 것으로 관측됐다. 미국, 영국, 일본을 비롯한 선진국이 모두 6% 이상의 재정적자를 보인 점과 대조적이다. 2023년 아일랜드 재무부는 2026년까지 재정흑자가 총 650억유로에 달할 것이란 전망을 내놓기도 했다. 이에 따라 아일랜드 정부는 일부 산유국의 전유물로 여겨지던 국부펀드도 1000억유로 규모로 조성하기로 했다. 고령화, 기후위기와 같은 미래 세대 문제에 대비하기 위해서다.

'유럽의 병자'로 불리던 아일랜드 경제의 대반란을 이끈 핵심은 해외 자본 유치다.

2023년 1분기 기준 아일랜드로 몰려든 다국적 기업은 1800곳이 넘는다. 구글, 메타, 아마존, 애플, 마이크로소프트(MS), X(옛 트위터), IBM, 인텔을 포함한 주요 빅테크 기업은 모두 유럽 본사를 더블린으로 옮겼다. 화이자, 존슨앤드존슨을 비롯한 전 세계 매출 상위 20개 제약사 가운데 19곳도 아일랜드에 본사나 지사를 두고 투자를 이어오고 있다. 바클레이스부터 모건스탠리, JP모건, 스탠더드앤드푸어스(S&P), 코인베이스, 뱅크오브아메리카까지 영국에 본부를 뒀던 주요 금융사도 브렉시트 이후 아일랜드에 둥지를 텄다.

인구 503만명의 섬나라를 세계적인 금융과 기술의 허브로 키운 가장 큰 공신은 '법인세 혁명'이다. 2003년 아일랜드 정부는 법인세를 세계 최저 수준인 12.5%로 파격 감면했다. 유럽 평균보다 9%포인트 낮은 수준이다. 2024년부터 아일랜드도 전 세계 합의에 따라 법인세율을 15%로 올리게 됐지만 여전히 OECD 최저 수준이다.

그 결과 2022년 다국적 기업이 아일랜드에 낸 법인세는 226억유로에 달했다. 2023년에도 그에 비해 10억유로 증가한 236억유로를 기록할 것이라고 전문가들은 예상했다. 낮은 세율을 유지하고 있음에도 세수는 뛰고 있는 셈이다. 아일랜드는 연구개발(R&D) 비용에 대해서도 최대 37.5%의 세액공제를 적용한다. 여기에 디자인, 소프트웨어, 의약품과 같은 지식재산권(IP) 수익에 대해서도 자본 공제를 지원한다.

다국적 기업은 아일랜드 전체 세수의 20%를 차지하는 한편, 30만개가 넘는 일자리를 창출한 것으로 알려졌다.

마찬가지로 부산·울산·경남이 서울 못지않게 성장하려면 서울에 없는 '다국적 기업'을 끌어들여야 한다.

실제로 세계적인 기업이 터를 잡은 지역은 인구 유입이 지속됐음이 확인된다. 평택·용인·화성·이천(반도체), 청주(이차전지), 천안·아산·파주(디스플레이)는 각각 국가첨단전략산업과 관련된 글로벌 기업을 유치한 도시로, 인구가 꾸준히 증가한 것으로 나타났다.

대한상공회의소 지속성장이니셔티브(SGI)가 행정안전부 주민등록인구 현황을 분석한 자료에 따르면 2011~2022년 화성의 인구증가율이 5.3%로 가장 높았으며, 뒤이어 평택(2.8%), 파주(2.5%), 청주(2.3%), 아산(1.8%), 용인(1.7%), 천안(1.3%), 이천(0.8%) 순이었다. 이는 같은 기간 전국(0.1%)과 수도권(0.4%) 인구증가율을 크게 능가하는 수치다.

특히 1위 화성시의 경우 시민 평균 연령이 38.7세로 전국에서 가장 젊다. 전체 인구의 3분의 1가량(31%)이 19~39세 청년이다. 또한 전체 인구의 19%가

반도체·이차전지·디스플레이 글로벌 기업 소재 도시의 인구 추이

단위: 만명 · %

		2011년	2022년	연평균 증가율
전국		5,073.4	5,143.9	0.1
수도권		2,498.8	2,598.5	0.4
반도체	평택	42.7	57.9	2.8
	용인	89.6	107.5	1.7
	화성	51.7	91.1	5.3
	이천	20.5	22.3	0.8
이차전지	청주	66.2	85.0	2.3
디스플레이	천안	57.1	65.8	1.3
	아산	27.5	33.5	1.8
	파주	37.9	49.5	2.5

자료: 행정안전부 주민등록인구 현황 · SGI

글로벌 기업 아시아 지역본부 유치를 위해 한국이 앞으로 개선해야 하는 사항

	순위(응답 수)			가중치 점수	종합 순위
	1순위	2순위	3순위		
영어 소통의 어려움	48	31	22	228	1
북한 등 지정학적 리스크	31	21	31	166	2
높은 인건비	27	26	27	160	3
조세 여건	17	21	23	116	4
정치 불안정성	20	16	17	109	5
치안 및 안보	17	20	15	106	6
거시경제 불안정성	15	14	22	95	7
경직된 노동시장	12	16	18	86	8
전문인력 고용의 어려움	13	13	19	84	9
R&D 투자 인센티브	13	14	12	79	10
작은 현지 시장 규모 및 낮은 성장성	8	17	19	77	11
한국 비즈니스 환경에 대한 정보 부족	14	10	15	77	11
엄격한 (신)사업 규제	14	11	7	71	13
물류·교통·통신 인프라	9	13	13	66	14
주거 환경	10	12	10	64	15
코로나19 방역 조치	9	13	7	60	16
법률 및 행정 절차	8	10	15	59	17
의료 및 보험 서비스	8	9	5	47	18
교육 환경	6	13	2	46	19

자료: 한국무역협회

주: 1순위(3점), 2순위(2점), 3순위(1점)에 각각 가중치를 부여하여 점수 척도 계산 후 순위 산정
문항: 한국이 글로벌 기업의 아시아 지역본부 유치를 위해, 개선이 가장 시급한 사항은 무엇입니까? (1~3순위 각각 선택)

만 18세 이하로 아동 비율 역시 전국 최고 수준이다. 신혼부부 비율도 높아 태어나는 신생아 수가 6800여 명에 달한다.

화성시는 삼성전자 반도체 사업장을 중심으로 반도체 소부장 협력사들이 몰려 있을 뿐 아니라, 세계적인 반도체 기업인 ASML 공장도 유치했다. 현대자

동차그룹도 2003년 남양읍 일대에 현대차·기아 연구개발센터인 남양연구소를 지었다. 현대차남양연구소는 현대차그룹의 미래 모빌리티 R&D 핵심 거점으로 꼽힌다.

최근 주요국 정세도 다국적 기업 유치에 긍정적으로 흘러가는 모양새다. 마치 영국의 유럽연합(EU) 탈퇴가 아일랜드에 기회가 됐듯, 주요 다국적 기업의 탈중국·탈홍콩이 가속화하고 있기 때문이다. 홍콩은 그간 아시아 금융허브 지위를 공고히 다져왔지만 최근 '제로 코로나' 정책과 국가보안법 제정 이후 글로벌 금융사의 홍콩 이탈이 가시화하고 있다.

'세계의 공장' 역할을 하던 중국 역시 최근 미국과의 통상분쟁이 이어지고 임금이 상승하면서 글로벌 공급망 이탈을 경험하고 있다.

하지만 정작 한국은 중국과 홍콩을 빠져나오는 글로벌 기업 유치에 있어 경쟁국에 밀리는 모양새다. 한국무역협회 국제무역통상연구원이 2022년 아시아에 지역본부가 소재한 글로벌 기업 300개사를 대상으로 설문조사를 진행한 결과 아시아 내 거점이 위치할 가장 적합한 지역으로 한국은 싱가포르

(1위)·일본(2위)·홍콩(3위)·중국(4위)에 이어 5위에 그쳤다. 한국을 1순위로 평가한 기업은 3.3%에 불과했다. 해당 설문에서 글로벌 기업은 한국이 아시아 지역본부를 유치하려면 채용 여건과 조세제도 등을 중심으로 개선이 필요하다고 답했다. 개선이 필요한 상위 10개 항목을 살펴보면 영어 소통의 어려움이 1위를 기록했다. 북한 등 지정학적 리스크, 높은 인건비, 조세 여건 순으로 뒤를 이었다. 그 밖에 정치 불안정성, 경직된 노동시장, 전문인력 고용의 어려움, R&D·투자 인센티브도 개선할 사항으로 지목됐다.

하지만 마냥 현실이 암울한 것은 아니다. 한국을 1순위로 평가한 기업은 3.3%에 불과했지만, 2순위로 고려하는 기업은 10%, 3순위는 12.3%를 기록했기 때문이다. 즉 아시아 지역본부를 이전할 계획이 있는 기업 가운데 한국을 3순위 이내 후보지로 고려하는 비중은 25.6%에 이른다.

이때 한국 내 거점으로 고려되는 도시는 서울(39.0%)에 이어 부산이 27.8%로 2위에 올랐다. 그렇다면 다국적 기업이 아시아 거점으로 부산을 선택하도록 하려면 어떤 전략이 필요할까.

한국무역협회는 비영어권이면서 법인세를 높게 유지하고 있다는 점에서 우리와 유사한 사업 환경을 지닌 일본이 거점 선호지 2위에 오른 데 주목했다. 언어나 정치 불안정성처럼 단기간에 해결하기 어려운 약점이 있더라도 제도적으로 빠르게 개선할 수 있는 부분을 찾아 경쟁력을 키우면 충분히 승산이 있다는 해석이다.

가장 즉각적이면서 효과가 강력한 조치는 '세제 개혁'일 것이다. 대한상의가 산업연구원과 함께 2023년 수도권 159개사를 대상으로 '지방 이전 및 신증설 의향'을 조사한 결과에 따르면 지방 이전과 신증설 과정에서 도움이 됐거나 고려를 촉발하게 된 정책 지원을 묻는 질문에 '세제 감면이나 공제 등의 세제 혜택'을 꼽은 응답이 37.7%로 가장 많았다.

구체적으로 기업들은 '법인세 감면'(58.6%), '취등록세 · 재산세 등 투자 세액공제'(27.6%)가 의사결정에 큰 영향을 미쳤다고 답했다. 뒤이어 '근로소득세 감면'(10.3%), '상증세 감면 · 우대'(3.5%) 순이었다.

US Tax Foundation에 따르면 OECD 37개 회원국 대상 국제 조세경쟁력지수에서 한국은 2021년 26위를 기록했다. 한국은 법인세(33위), 개인소득세(24위), 재산세(32위), 국경세(33위) 등 소비세(2위)를 제외하고 대부분의 영역에서 경쟁력이 낮은 것으로 조사됐다.

법인세만 뜯어보면 경쟁국과 비교해 열위가 더욱 선명하게 드러난다. 스위스 국제경영개발연구원(IMD)에 따르면 2021년 영업이익에 대한 법인세율

주요 아시아 거점국 세금 제도

구분	홍콩	싱가포르	일본	한국
법인세 최고세율	16.5%	17%	23.2%	26.4%
법인세 과표구간 수	1개	1개	2개	3개
개인 소득세 최고세율	17%	24%	45%	45%

자료: 각국 자료 종합

기준 조세경쟁력의 경우 한국은 전 세계 63개국 가운데 홍콩(9위), 싱가포르(10위), 일본(35위)에 이어 39위에 그쳤다. 기업 대상 법인세는 홍콩과 싱가포르가 10%대인 반면, 일본과 한국은 20%대이며 지방세까지 추가로 부과한다.

싱가포르는 지역본부 설립 기업에 인센티브를 제공하기 위해 '국제 헤드쿼터 프로그램'을 운영하고 있다. 싱가포르에서 본부 업무를 수행하는 기업이 고용 창출을 비롯한 일정 요건을 충족할 경우 최대 5년간 법인세를 면세 또는 5~10% 감면해주는 식이다.

개인이 납부하는 소득세에 있어서도 일본과 한국은 최대 40%대로 홍콩과 싱가포르의 약 2배를 웃돈다. 다만 한국은 외국인 기술자의 경우 10년간 50% 소득세 감면을 제공하며 외국인 근로자 소득세에는 19%의 단일 세율을 적용하고 있다.

본래 한국은 외국인 투자기업에 대한 법인세·소득세 감면 특례를 제공했지만 2019년 폐지했다.

글로벌 기업이 아시아 거점지로 선정하는 곳은 경쟁국 중 한 곳에 불과하다. 따라서 한국이 홍콩과 싱가포르처럼 적극적인 친기업 관세 정책을 펴는 국가를 제치고 글로벌 기업을 끌어들이기 위해선 이들 못지않은 강력한 세제 우위를 점할 필요가 있다. 부산·울산 경남에 한정해서라도 조세 여건을 정비하는 한편, 전체적인 정비가 어렵다면 글로벌 기업에 맞춤형 감세 혜택을 제공하는 방안을 고려할 수 있다.

선진국의 사례로 미뤄 보면 비용 지원도 확대할 필요가 있다. 대표적으로 일본과 독일은 첨단전략산업에 대규모 기금을 출연하며 투자 문턱을 낮추고 있다. 일본 정부는 2021년 '대일직접투자촉진전략'을 발표한 데 이어 반도체 기금과 그린이노베이션 기금 등을 확충하고 있다.

2022년 6월 일본 경제산업성은 대만 TSMC의 일본 구마모토 공장 설비투자 계획을 승인하고 보조금을 지급하기로 했다. 지원 금액은 최대 4760억엔, 투자 금액은 약 1조1000억엔으로 알려졌다. 보조금이 투자 금액의 절반 가까이를 차지하는 셈이다.

2024년 2월에는 낸드플래시 메모리 반도체 업체인 키옥시아가 일본 정부로부터 욧카이치·기타카미 공장에 대해 최대 1500억엔의 설비투자를 지원받았다고 밝혔다. 이는 주로 8세대·9세대 3D 낸드플래시 메모리 생산을 위한 설비투자에 쓰일 예정이다.

여기에 일본은 금융계 외국 기업이 도쿄에 거점을 설립할 경우 고용이나 컨설팅 등에 드는 비용 가운데 최대 50%(연간 최대 750만엔)를 지원해주는 것으로 알려졌다.

독일 정부는 산업 육성과 지역 발전을 목표로 기금을 조성해 이차전지 산업 투자를 지원하고 있다. 독일 내 낙후 지역에 투자하면 투자 금액의 일정 비율을 상환해주거나, 고도기술 연구개발 프로젝트에 총비용의 50% 한도 내에서 보조금을 지급하는 식이다.

실제로 2024년 1월 스웨덴 기반 유럽 최대 이차전지 업체 노스볼트는 독일 정부로부터 약 9억유로를 지원받아 독일에 전기차 배터리 공장을 짓기로 했다. 이는 EU가 투자 유출 방지를 위해 도입한 '매칭 보조금'을 적용한 첫 사례이기도 했다. 마르그레테 베스타게르 EU 디지털·경쟁 담당 수석 부집행위원장은 "만약 (매칭 보조금이) 없었다면 노스볼트는 인플레이션 감축법(IRA)에 따라 지원을 제안받은 미국에 공장을 세웠을 것"이라고 평한 바 있다.

이외에도 독일 정부는 오토모티브셀컴퍼니(ACC) 공장 건설에 4억3700만유로를 지원하기로 했다.

대외경제정책연구원은 정부가 현재 운영하고 있는 교부형 현금지원제도에 더해 영국이나 일본처럼 '대여형' 또는 '기금형' 현금지원제도를 도입해 보완할 필요가 있다고 제안한 바 있다. 특히 대여형 현금지원제도와 함께 국내 민간 금융기관을 활용해 투자자금 일부를 조달하도록 결합 운영하는 방식도 현금 지원 효과를 높일 수 있다는 분석이다.

임대료 감면제도도 보다 효율화할 필요가 있다는 지적이 나온다. 현행 외국인투자촉진법은 외국인 투자기업이 국·공유의 토지 등을 임대하는 경우 그 임대료는 토지가액에 1% 이상의 요율을 곱해 산출하고 있다.

또한 단지형 외투 지역에 대해서는 100만달러 이상 신성장동력산업기술 수반 사업에 투자할 경우 10년간 임대료 100%를, 500만달러 이상 제조업에 투자할 경우 75%를 감면하고 있다. 이때 상시근로자 수에 따라 투자금액 요건이 낮아지기도 한다.

대외경제정책연구원은 이 같은 방식이

인센티브 운영 면에서 효율성이 저하된다며 "최초 10년 동안의 총 감면 임대료 이상으로 동 기간 증액 투자를 했거나 특별한 경제적 효과를 창출했을 때 10년 단위로 계속 연장하는 방식을 고민해볼 필요가 있다"고 제안한 바 있다. 즉 임대료 감면 부분을 재투자로 환원받는 시스템이 효과적이라는 취지다. 법률·행정 절차 차원에서도 개선이 필요하다는 목소리가 있다. 법인 설립과 부동산 취득 절차가 대표적이다. 한국무역협회 국제무역통상연구원은 한국의 법인 설립 비용이 주요 아시아 거점국 가운데 가장 높으며 외국인이 부동산을 취득할 때 사전 신고 절차가 존재한다고 지적한 바 있다.

세계은행이 발간한 'Doing Business 2020'에 따르면 한국의 1인당 소득 대비 법인 설립 소요 비용은 14.6%로, 일본(7.5%), 홍콩(0.5%), 싱가포르(0.4%)에 비해 크게 높았다.

인베스트코리아에 따르면 외국인투자촉진법상 한국에서 외국(법)인 등이 외국인 투자기업을 통해 부동산을 취득할 경우 투자자금 반입 이전에 외국환은행·코트라에 신고한 후 자금을 반입해야 한다.

또한 외국환거래법상 비거주자가 부동산 관련 권리(전세권, 저당권) 등을 취득할 경우 부동산 취득 자금 인출 시에 외국환은행에 신고를 해야 한다. 다만 외국 법인 국내 지사가 해외에서 자금을 반입해 국내 부동산을 취득하고자 할 때 국내 지사는 외국환거래법상 거주자에 해당하기 때문에 외국환거래법상의 부동산 취득 신고 없이 바로 외국 본사로부터 영업자금을 지정거래외국환은행을 통해 도입하면 된다.

한국무역협회 국제무역통상연구원에 따르면 일본은 외국인토지법상 외국 국적자·법인에 대해 일부 지역을 제외하고 일본과 동일한 제한을 부과하며, 외국환·외국무역법상 국내 비거주자(법인 포함)와 부동산 거래가 발생하면 보고할 의무가 있다. 홍콩은 외국인 부동산 취득과 관련해 별도 법령이 없다.

아시아 헤드쿼터 유치를 지원할 전담 조직과 프로그램을 신설할 필요성도 제기된다. 1969년 아일랜드 산업통상부는 외국인직접투자 유치를 위해 산업개발청(IDA)이라는 조직을 세웠다. IDA는 다국적 기업 유치를 위해 투자 환경을 홍보하고 공장 설립을 지원하거나 금융 지원을 알선하는 역할을 한다. 아일랜드가 글로벌 허브로 성장할 수 있던 데엔 IDA의 신속한 원스톱 서비스가 주효했다는 평가다.

외국인 투자자가 아일랜드에서 법인을 설립할 때 소요되는 기간은 2주 정도에 불과한 것으로 알려졌다. 특히 IDA에는 세금이나 비자, 생활비까지 필요한 모든 측면에서 솔루션을 제공하기 위해 관련 전문가가 상주하고 있으며 기업 주재원에게 자녀 교육을 위한 컨설팅도 제공하는 것으로 전해졌다.

아일랜드는 다국적 기업 주재원의 소득공제를 위해 '특정 근로자 소득공제 제도(SARP)'를 2012년 제정하기도 했다. 근로소득이 7만5000유로를 초과하는 경우 초과 금액의 30%를 과세 대상 소득에서 공제하는 방식인데, 2023년 1월 1일부터는 이 소득 기준 요건을 10만유로로 늘렸다.

일본은 1951년 일본 대외무역과 투자를 촉진하기 위해 일본무역진흥기구(JETRO)라는 공공기관을 설립했다. JETRO는 일본에 진출한 외국 기업에 50일간 사무실을 무료로 제공하며, 규제·절차·시장 전문가 컨설팅을 지원한다. 일본 진출 비용을 예측하거나 투자 인센티브를 안내하고 잠재 비즈니스 파트너를 소개해주기도 한다.

최근에는 공유오피스에 입주하는 창업자 비자 신청 조건을 완화하거나 규제 샌드박스를 돕는 등 지원 방식을 한층 다각화한 것으로 알려졌다.

일본은 수도 도쿄에 아시아 지역본부(헤드쿼터) 특구도 오피스지구, 금융지구, 문화지구 등으로 나눠 운영하고 있다. 현재 마루노우치, 오테마치, 니혼바시, 교바시, 긴자, 신바시, 도라노몬, 롯폰기, 도요스, 아리아케, 오다이바, 하네다 공항, 시나가와, 다마치, 시부야를 포함한 16곳이 대상이다.

이들 지역에선 특정 조건을 만족하면 세금 감면이나 저금리 대출과 같은 혜택을 제공한다. 또한 사업 시작 전 정보 제공부터 무료 컨설팅, 비즈니스 매칭까지 단계별로 지원책을 체계화했다.

인구 지도 넓히는 '제3의 공간'

정주인구 대신 주목받는 생활인구

최근 저출산·고령화에 따라 지역 소멸이 가시화하면서 새로운 인구 개념으로 '생활인구'가 주목받고 있다. 지금까지 주민등록상의 등록인구를 기준으로 인구를 양적으로 늘릴 방안에 초점을 맞춰왔다면, 인구의 이동성을 반영한 정책 대전환이 필요하다는 문제의식에서다.

2022년 9월 국토연구원은 "저출산·고령화로 절대인구가 줄어드는 상황 속에 지역에서의 '정주'를 전제로 하는 인구 유입책은 결국 '주변 인구 빼앗기'에 불과하다. 지원금이 끊기는 시기에는 인구가 다시 유출되거나, 지역으로 유입시킨 인구가 장기간 정주하기보다 교육, 일자리 등을 이유로 다시 유출

돼 지원금에 의한 정주인구 유입 정책은 단기적인 처방에 불과한 한계를 보이고 있다"고 지적한 바 있다. 그러면서 "국가 전체적으로 총인구가 감소하는 시대에 지역을 유지하고 더 나아가 지역에 활력을 불어넣기 위해선 기존의 유입 방식에서 벗어나 외부 자원으로서 비정주인구도 함께 고려해야 할 필요성이 제기된다"고 덧붙였다.

2023년 1월부터 시행된 '인구감소지역 지원 특별법'에는 생활인구 개념이 도입됐다. 생활인구는 특정 지역에 거주하거나 체류하면서 생활을 영위하는 사람을 가리킨다. 구체적으로는 △'주민등록법' 제6조 제1항에 따라 주민으로 등록한 사람 △통근·통학·관광·휴양·업무·정기적 교류 등의 목적으로 특정 지역에 방문해 체류하는 사람

생활인구의 구성

생활인구		주민등록인구		외국인등록인구		체류인구
인구감소지역 지원특별법 근거	=	주민등록법 제6조 제1항에 따라 주민으로 등록된 사람	+	외국인 중 대통령령으로 정하는 요건에 해당되는 자 *출입국관리법에 따라 외국인등록을 한 사람	+	통근·통학·관광· 휴양·업무· 정기적 교류 목적 등으로 방문해 체류하는 자로 대통령령으로 정하는 사람

으로서 대통령령으로 정하는 요건에 해당하는 사람 △외국인 중 대통령령으로 정하는 요건에 해당하는 사람 등이다. 지방 유학생, 지방 근로자, 관광객 등이 생활인구에 포함될 수 있다.

해외에서도 비슷한 논의가 이어지고 있다. 일본에서는 '관계인구(關係人口)'라는 용어가 등장했다. 이주해 정착한 정주인구(定住人口)보다는 관계가 약하고, 관광하러 온 교류인구(交流人口)보다는 관계가 강한, 지역과 다양하게 관계를 맺고 있는 사람을 일컫는 신조어다. 총무성은 관계인구를 확대하기 위해 2018년부터 연간 약 15억엔 규모의 특별교부세로 지방자치단체의 관계

인구 창출사업을 지원하고 있다. 이때 특별교부세는 해당 지역으로 이주하고자 하는 사람에 대한 정보 제공과 상담, 사전 이주 체험, 이주자의 정주·정착 지원에 쓰인다.

일본은 관계인구를 늘리기 위해 고향납세(ふるさと納税) 제도를 도입했다. 지방자치단체가 고향납세 포털사이트에 사업을 등록하면 도시민이 응원하고 싶은 사업을 골라 기부할 수 있는 제도다. 고향납세를 받은 지방자치단체는 해당 금액을 고향 이주 촉진이 필요한 사업에 활용하고 기부자가 교류를 유지하도록 해 기부자가 미래에 해당 지역으로 이주할 수 있도록 유도한다.

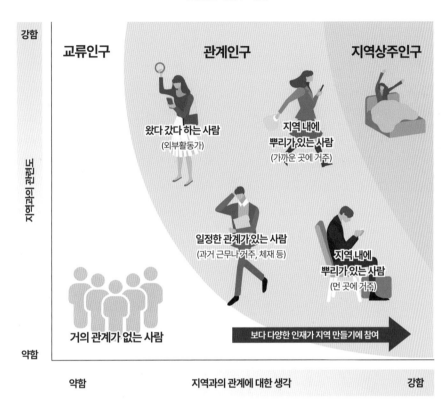

일본 관계인구 개념도

교류인구

관계인구

지역상주인구

강함

지역과의 관련도

약함

왔다 갔다 하는 사람
(외부활동가)

지역 내에
뿌리가 있는 사람
(가까운 곳에 거주)

일정한 관계가 있는 사람
(과거 근무나 거주, 체재 등)

지역 내에
뿌리가 있는 사람
(먼 곳에 거주)

거의 관계가 없는 사람

보다 다양한 인재가 지역 만들기에 참여

약함

지역과의 관계에 대한 생각

강함

자료: 일본 총무성

독일은 거주지로 등록된 지역과 실제 생활공간이 다른 인구를 관리하기 위해 복수 주소제를 운영하고 있다. 거주자가 주로 사용하는 주택이 있는 지역을 '주 거주지(Hauptwohnsitz)'로, 주 거주지 외에 추가적인 주택이 있는 지역

을 '부거주지(Nebenwohnsitz)'로 분류한다. 주민은 주 거주지와 부거주지 모두를 신고할 의무가 있으며, 부거주지를 신고한 경우 부거주지에 제2거주지세(Zweitwohnsitzsteuer)를 내야 한다. 지방자치단체는 제2거주지세를 걷어

지역 공공재나 행정서비스 제공에 필요한 비용을 충당할 수 있다. 직장 등을 이유로 부거주지를 가지는 경우와 미성년자인 경우는 제2거주지세가 면제된다. 또한 임대료나 주 거주지로 왕복 이동하는 교통비를 비롯해 부거주지에서 생활하면서 드는 비용에 대해 소득세에서 세액을 공제해준다.

체류인구와 관련한 다양한 선행 연구는 체류인구가 일시적으로 역도시화와 인구 분산 효과를 가져온다고 주장했다. Adamiak et al.(2017)이 1990년과 2010년 계절인구(seasonal population)의 시공간적 분포를 추정하고 등록인구와 비교 분석한 결과, 등록인구는 특정 도시로 집중하지만 계절인구는 세컨드홈 증가와 함께 분산하는 경향이 있는 것으로 나타났다. 핀란드에서는 지난 20년간 등록인구가 영토의 16%에서만 증가했으나, 계절인구는 영토의 50% 이상에서 증가했다. Milian(2014)에 따르면 프랑스에서도 거주인구는 파리, 리옹과 같은 주요 도시에 집중돼 있지만 체류인구 분포는 인구희박지역 분포와 유사한 것으로 조사됐다.

특히 원격기술 발달과 이동성 향상에 따라 물리적인 시공간 제약을 극복할 수 있게 되고 지역·가치 중심 소비가

양양 서피비치

확산하면서 기존에 살던 장소를 떠나 다른 지역에서 머무르며 활동하는 인구가 한층 늘었다는 평가다. 코로나19 이후 국내 여행 수요 증가와 생활양식 변화도 이 같은 변화를 가속화했다.

강원 양양군은 정주인구에 비해 생활인구 비중이 높은 대표적인 지역이다. 일등공신은 '서피비치'다. 2008년 이후 해외에 가지 않고도 이국적인 해변과 서핑을 즐길 수 있다는 매력이 입소문을 타면서 매년 수십만 명이 다녀가는 '서핑의 성지'로 떠올랐다. 특히 2017년 서울양양고속도로와 강릉선 KTX 개통으로 접근성이 크게 높아지며 이른바 '반로컬(4일은 도시에 있고 3일은 양양에 체류)'로 불리는 생활인구가 형성됐다.

지난해 기준 양양군의 총인구는 약 2만 8000명에 불과하다. 하지만 양양군에 따르면 서핑인구는 2019년 18만2500명에서 2020년 22만6800명, 2021년 35만 7420명, 2022년에는 46만9560명으로 꾸준히 늘었다. 이 중 절반 이상이 연간 약 20일을 양양에 체류한 것으로 알려졌다. 외부에서 인구가 유입되자 경제 효과도 배가됐다. 해변을 중심으로

한드미 농촌유학센터에서 도시 유학생들이 체험활동을 하고 있는 모습.   사진:단양군

서핑숍, 클럽, 해외 음식점이 들어서며 '양리단길'로 불리는 상권이 만들어졌다. 서핑을 즐기는 관광객 한 명이 양양에서 쓰고 가는 금액은 2019년 12만 5000원, 2020년 13만원, 2021년 13만 5000원, 2022년 14만원으로 증가하는 추세다. 특히 호텔, 콘도, 골프장과 같은 대형 민간 자본이 유입되며 일자리도 크게 늘었다는 분석이다. 2020년 기준 강원도 지역내총생산(GRDP)이 5년 전에 비해 8.5% 증가하는 동안 양양군은 11.6% 뛰었다.

충북 단양군 역시 정주인구에 비해 체류인구 비중이 높은 지역으로 꼽힌다. 유인은 '농촌 체험'이다. 단양군은 2006년 농촌유학센터를 설립했다. 단양군을 주소지로 등록하는 농촌 유학생은 물론 그 학부모, 여름·겨울 캠프, 1박 2일·2박 3일 등 단기 체험, 농가 일손을 돕고 숙식을 제공받는 WWOOF 프로그램 참여자 등이 유입됐다.

프랑스 생활인구 끌어당긴 '티에르 리우'

프랑스 정부는 2019년부터 '새 장소, 새 연결(Nouveaux Lieux, Nouveaux Liens)' 정책의 일환으로 '티에르 리우(Tiers Lieux·제3의 장소)'를 운영하고 있다. 티에르 리우는 1980년대 후반 미국 사회학자인 레이 올든버그가 처음 주창한 개념이다. 제1의 장소(first place)인 집이나 제2의 장소(second place)인 직장·학교와 구별되어 구성원들이 자

프랑스 티에르 리우 활동 유형

공유오피스 코워킹	문화활동	팹랩· 메이커스페이스	공유 아틀리에	리빙랩· 사회실험실	식량 생산	공유주방
55%	31%	28%	16%	15%	10%	6%

자료: 티에르리우협회

유롭고 편안하게 사회활동을 수행하는 중간 지점으로서 일상을 특별하게 만들어주는 공간을 의미한다.

2020년 1978곳이던 티에르 리우는 현재(2023년 기준) 프랑스 전역에서 3500곳까지 늘었다. 62%가 대도시 밖에 있으며 그중 34%가 농촌 지역에, 28%가 중소도시에 위치한 것으로 조사됐다. 활동 유형으로는 코워킹이 55%로 가장 높고, 뒤이어 문화활동(31%), 팹랩·메이커스페이스·해커스페이스(28%), 공유 아틀리에(16%), 리빙랩·사회혁신 실험실(15%), 식량 생산(10%), 공유주방(6%) 순이었다. 프랑스 티에르 리우협회에 따르면 일상적으로 티에르 리우를 이용하는 이는 15만명이고, 사업을 벌인 인구와 문화활동에 참여한 인구는 각각 220만명과 400만명에 달

보드르빌의 온실에 회원들이 모여 있는 모습.

한다(2022년 기준).

파리 도심에서 약 $40km$ 떨어진 인구 1500명 남짓의 작은 시골마을 고메스 라빌(Gometz-la-ville)은 최근 도시 생활에 지친 젊은이와 예술가들이 유입되며 활기가 넘친다. 원소유주였던 원예업자가 사업을 접은 뒤로 마을에 8년간 버려져 있던 온실이 2020년 농업과 예술을 융합한 실험 공간 '보드르빌의 온실(les serres de beaudreville)'로 새 단장하면서다. 보드르빌의 온실은 프랑스 티에르 리우 가운데 활발하게 운영되는 곳 중 한 곳으로 꼽힌다. 협회 코디네이터인 넬리 르볼뷔송 씨는 "저마다의 아이디어를 가진 이들이 프로젝트를 시험해볼 기회를 최대한 지원해주고 연구·탐험할 기반을 만들어 준다는 것이 우리 철학"이라고 말했다.

온실 새 단장을 주도한 건 양봉업체 '아피하피'를 운영하는 쥘리앙 페랑 씨다. 온실 소유주인 아피하피는 $6000\,m^2$ 규모의 전체 온실 가운데 $2000\,m^2$를 사용한다. 나머지 공간에는 현재 15명의 회원이 입주했다. 천연화장품을 만드는 회사, 회귀식물 재배업체부터 플로리스트, 미술치료사, 도예가까지 업종도 다양하다.

고메스라빌 인근 파리-사클레에서 생물학 연구원으로 일하던 파비앵 피에르 씨(43)는 보드르빌의 온실에서 고향 과들루프의 허브를 유기농으로 재배해 판매하고 있다. 허브가 완전히 자라나기를 기다리는 동안 직접 만든 액세서리 그리고 직접 재배한 허브로 만든 아이스크림을 온실 회원들에게 판매하고 있다. 허브로 만든 과자를 대중에게 팔기 위해 오전에는 제과점에서 인턴 일을 하며 관련 자격증을 준비하고 있다. 피에르 씨는 "실험적으로 허브를 키우고 있을 뿐 연구원에서 직업을 바꿀 생각은 없다"며 "날씨가 따뜻한 봄·여름·가을에 온실을 자주 찾고 있다"고 말했다.

프랑스 파리 근교 도시 샤빌 출신의 아가테 빌리앙 씨(28)는 지난 1월 보드르빌의 온실에 자신의 이름을 건 모종 가게를 차렸다. 그는 지난 4년간 컴퓨터 엔지니어로 일했지만 싫증을 느꼈다. 빌리앙 씨는 전직을 위해 국가에서 진행하는 청년 영농 교육을 수강했다. 이후 교육을 진행한 '가능성의 장(le champs des possibles) 협회'로부터 온실을 소개받았다. 복잡하게 직접 법인을 설립하는 대신 그와 같은 프리랜서를

보드르빌의 온실에서 아무드 샹투 씨가 수채화 작업을 하고 있는 모습.

지원하는 협동조합과 계약을 맺었다. 덕분에 사회보장세를 떼고 남은 월급을 조합에서 지급받는다. 혹여 가게가 망하더라도 실업수당을 받을 수 있다.

시리아 출신 수채화 화가 아무드 샹투 씨(68)는 청동 조각가인 아내와 함께 2년 전 보드르빌의 온실에 각자의 작업실을 꾸렸다. 프랑스 순수미술 전문 그랑제콜 '에콜 데 보자르(école des beaux arts)'를 졸업한 이후 6년간 파리에서 일하다 발레드슈브뢰즈예술인협회의 소개를 받아 이곳에 자리를 잡았다. 샹투 씨에게 온실을 소개한 세실 다샤리 씨는 "맨 처음에 온실에 있던 예술가는 2명에 불과했다"며 "작업이야 개인 아틀리에에서도 충분히 할 수 있지만 온실에서 다양한 주민이 교류하며 시너지 효과를 낼 수 있다는 점에 많은 예술가가 매력을 느끼고 있다"고 전했다.

보드르빌의 온실에 참여하는 방법은 크게 두 가지다. 1년에 15유로를 내고 '보조 회원(membre de soutien)'이 되거나 120유로를 내고 '활성 회원(membre actif)'으로 가입할 수 있다. 활성 회원은 온실 내 일정 공간을 점유하고 그에 대한 월세를 지불한다. 이때 자원봉사 시간에 따라 지급되는 내부 화폐 '루이즈(louise)'로 월세 일부를 감면받을 수 있다.

보드르빌의 온실은 지역 주민을 위한 네트워크 허브이자 생활 인프라 역할을 한다. 온실에서 정기적으로 열리는 '에피 드 보드르빌(épi de beaudreville)'에선 직접 만든 빵과 산지에서 직송한 채소를 판다. 지역 식료품점이 사라지면서 회원들이 한 달에 두 시간 이상씩 돌아가면서 일하며 운영하는 장터다. 온실 한편에 마련된 요가 스테이션에선 요가 수업과 드럼 연습이 매주 진행된다.

그 옆에는 지속가능 농업을 실험하는 공간이 있다. 이상기온 환경에서 토마토, 호박, 콩과 같은 작물을 유기농으로 키울 방법을 연구하기 위해 흙 위에 양모를 얹어놓은 상태였다. 르볼뷔송 씨는 "이르면 2024년 4월부터 대중에게도 온실을 개방해 이곳에서 만드는 상품을 판매하거나 카페를 운영하려 한다"고 전했다.

인구 9만명이 살고 있는 파리 외곽 공업지구 낭테르에는 '엘렉트로랩(électrolab)'이라는 티에르 리우가 운영되고 있다. 엘렉트로랩은 300명 남짓의 정규 회원이 과학·기술·산업 지식을 공유하는 1500m^2 규모의 작업장(아틀리에)이다. 2010년까지는 전기와 난방도 들어오지 않는 버려진 건물이었지만 주민들이 재활용하거나 기업에서 기부받은 각종 기계장비로 공간이 채워졌다. 이곳에선 회원들이 반도체 부품을 납땜하거나 쇠, 알루미늄, 플라스틱으로 된 부품을 밀링 기계로 깎는 등의 작업이 가능하다.

엘렉트로랩 회원은 16세 이상 청소년부터 80대 퇴직자까지 다양하다. 비전문가도 누구든 전문 연구원과 함께 3D 프린팅이나 레이저 커팅과 같은 기술을 배울 수 있다. 시설은 오후 2시부터 7시까지 운영돼 회원들이 주로 각자 일과를 마치고 저녁 시간에 방문하고 있다. 엘렉트로랩 협회장을 맡고 있는 뱅상 파트렐 씨는 "엘렉트로랩의 경우 다른 티에르 리우보다 엔지니어 비중이 높지만 실업자와 인문학 전공자 등 회원 분포가 다양하다"며 "새로운 회원을 영입하는 데 있어 여성이나 빈곤층을 포함해 소셜·젠더 믹스에도 신경 쓰고 있다"고 강조했다.

엘렉트로랩은 교육의 장 역할도 톡톡히 하고 있다. 학생들이 로봇 경연대회 출전을 위해 소형 로봇을 만드는 공간도 있다. 공용 공간에선 2주마다 과학 세미나가 열리며 이는 온라인으로도 생중계된다. 엘렉트로랩에 고가의 전문 장비들이 즐비한 만큼 외부 소기업이 시제품을 만들거나 제품을 검증(PoC)하기 위해 시설을 이용하기도 한다. 파트렐 씨는 "팬데믹 기간에는 7000개가

낭테르 엘렉트로랩 협회장 뱅상 파트렐 씨.

넘는 투명 안면 마스크와 생명 유지를 위한 자동 주사기를 이곳에서 빠르게 생산할 수 있었다"고 소개했다. 파트렐 씨는 본래 통신회사에서 일하는 직장인이지만 6년 전부터 퇴근 후 저녁이나 주말마다 엘렉트로랩에서 자원봉사를 하고 있다.

제2의 양양을 위한 필요조건은?

티에르 리우는 단발적인 여가활동에 그치지 않고 다양한 사람들이 정보와 문제의식을 지속적으로 공유하며 생산적인 프로젝트를 발전시킨다는 것이 강점으로 꼽힌다. 국내에서도 도시민들이 기존 거주지와 생활 패턴 내에서 시도해보기 어려웠던 자신만의 프로젝트나 여가활동을 지역에서 도전해볼 수 있도록 정부가 재정, 교통, 인프라 차원에서 지원해 마중물 역할을 한다면 '한국판 티에르 리우'가 지역 생활인구 유입에 새로운 물꼬를 틀 수 있을 것으로 보인다. 이때 지역에 활력을 불어넣을 수 있을 만큼 도시민들의 지역 내 충분한 체류를 독려하는 차원에서 정부가 기업들의 주 4일 근무제, 근무지 자율 선택을 지원하거나 세컨드하우스, 공유

주택 등을 활성화하는 식의 제도 개선도 고려할 수 있을 것이다.

국내 균형발전 전문가들도 인력과 자원이 한정된 우리 농촌 지역에서 시행해봄 직한 정책으로 주목하고 있다. 중소벤처기업부의 메이커스페이스나 범부처 공모사업인 지역활력타운과 같은 기존 정책과도 연계할 여지가 많다는 분석이다. 권인혜 한국농촌경제연구원 전문연구원은 "(티에르 리우를 두고) 하이브리드 프로젝트에 대한 낮은 수용성, 칸막이 구조와 불필요한 행정 요식 등의 문제가 여전히 지적된다"며 "한국에서도 지역 쇠퇴 문제가 심각하게 우려되고 있는 만큼 티에르 리우 생태계와 지원 정책이 전개되는 과정에서 나타나는 이슈와 대응에 관심을 가지고 살펴볼 필요가 있다"고 짚었다.

원아시아 솅겐조약,
한국을 아세안 MZ 성지로

시작된 글로벌 이민자 쟁탈전

경제협력개발기구(OECD)가 2023년 밝힌 '세계이주전망 2023'에 따르면, 2022년 38개 OECD 회원국으로 유입된 해외 이민자 수는 610만명으로 전년 대비 26% 증가했다. 역대 최대 규모로, 세계가 코로나19 팬데믹으로 국경을 봉쇄하기 전인 2019년과 비교하더라도 14% 늘어난 수치다. 여기에 우크라이나·러시아 전쟁 여파로 유럽 각국에 비자발적으로 퍼진 우크라이나 난민까지 더하면 1100만명에 육박하는 이민자가 세계 선진국으로 이동했다.

OECD는 "단순히 팬데믹 이후 봉쇄가 풀림에 따라 반등한 것으로 보기 힘들다"며 "선진국들의 저출산·고령화 심화로 노동자 수요가 증가하고 남미와 중동 등지에서의 인도주의적 위기가 발생하면서 난민과 망명이 늘었기 때문"이라고 밝혔다.

구체적으로 살펴보면 이민 후 영구 정착으로 이어질 가능성이 높은 취업 이민은 15년 만에 최대치를 기록했다. 뉴질랜드에선 취업 이민이 전년 대비 3배나 늘었고, 영국은 2배의 증가세를 보였다. 독일(59%), 미국(39%), 프랑스(26%) 등 대표적인 선진국도 상위권에 들었다.

선진국 중심의 국경 문 개방은 세계적인 추세다. 그도 그럴 것이 2022년 기준 국내총생산(GDP) 규모 상위 15개국은 모두 인구 유지를 위한 합계출산율 2.1명을 달성하지 못하고 있다. 대부분의 국가에서 장·단기적으로 인구 감소가 예상된다는 것이다.

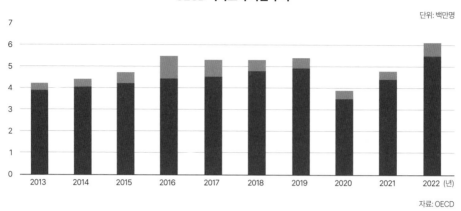

OECD 국가로의 이민 추이

단위: 백만명

(그래프: 2013년부터 2022년까지 연도별 막대그래프)

자료: OECD

인구 감소가 경제와 사회 등 국가 전반에 미치는 영향은 다시 말할 필요가 없다. 장기적으로 노동생산성 증대 등을 통해 노동력 감소를 완화할 순 있겠지만, 중·단기적인 일손 부족을 채울 손들이 필요한 것이다.

상황이 이렇다 보니 전 세계 이주에서 취업 이민이 차지하는 비중은 2022년 20%를 넘어섰다. 저출산·고령화가 심해지는 선진국의 인구통계학적 구조를 감안할 때 이 같은 추세는 앞으로도 계속될 전망이다. 유럽연합(EU)은 인구 안정을 위해 향후 25년간 최소 5000만 명의 해외 이주민이 필요할 것으로 추산했다. 스페인 사회안전망 장관은 영국 파이낸셜타임스와의 인터뷰에서

"OECD 회원국 대다수가 노동력 부족 문제를 겪고 있고, 앞으로 상황은 더욱 악화될 것"이라며 "국가 유지를 위해선 대규모 이민자에게 절대적으로 의지해야 한다"고 말했다.

미국의 싱크탱크 브루킹스연구소는 2023년 내놓은 보고서를 통해 미국의 인구 증가율이 이민과 밀접하게 연관됐다고 설명했다. 2009~2010년의 미국 인구 증가율은 연간 0.83%를 기록했지만 도널드 트럼프 집권 이후 반이민 정책의 영향으로 2018~2019년에는 0.46%로 떨어졌다. 보고서는 "미래 인구 증가에서 가장 관리하기 쉬운 부분이 이민"이라며 "이민 증가는 인구 증가율을 높일 뿐 아니라 고령화 추세를

늦추고 아동과 젊은 노동력 증가로 이어진다"고 설명했다.

실제로 선진국들은 정도의 차이는 있지만 모두 국경 개방에 적극적으로 나서고 있다. 이민자의 나라 미국은 조 바이든 집권 이후 전문직 취업비자를 연장하기 위해 본국으로 돌아갈 필요가 없도록 미국 내에서 연장과 변경 등을 갱신해 주는 시범 프로그램을 2024년부터 시행하고 있다. 또 STEM(과학·기술·공학·수학)과 같은 유망 분야를 미국에서 공부한 졸업생은 체류 기간을 3년으로 넉넉히 두고 있다. 캐나다는 2025년까지 추가로 150만명의 이민자를 수용할 계획을 발표했고, 신속 이민제를 운영하고 있다.

이민 쟁탈전에선 후발 주자인 유럽도 속도를 내고 있다. 독일은 2020년부터 전 세계 숙련 노동자와 전문가의 이민을 촉진하기 위한 '숙련노동자이민법'을 시행하고 있다. 또 합법적으로 거주하는 이민자에 대한 시민권 신청 기준 역시 8년에서 5년으로 감축된 상황이다. 영국은 2022년 특별재능비자를 '우수인력비자'로 개편하면서 이민자 모시기에 나섰다. 해외 우수 인력에게 이 비자를 발급해주고, 이 가운데 특별한 능력을 보이면 3년 후 영주권 신청이 가능하도록 하고 있다.

한국과 상황이 비슷한 일본 역시 이민자 쟁탈전을 관망만 하고 있지는 않다. 10년 전부터 고급 인력 중심의 유치 전략을 강화했으며, 2023년엔 '특별고도인재(J-Skip)' 비자를 도입해 기술력이 뛰어난 외국인이 영주할 수 있는 산업 분야를 3개에서 12개로 늘리고, 연봉과 학력 등에 따라 포인트를 부여해 우대 조치를 제공하고 있다.

한발 늦은 한국의 이민정책

전 세계가 이민자를 모시느라 바쁜 가운데 한국은 아직까지 갈 길이 멀다. 2022년 기준 한국의 전체 인구 대비 외국 출생 인구 비율은 3.5%였다. 2012년(2.4%)보다는 유의미한 증가세를 보였지만, 다른 선진국과 비교하면 미미한 수준이다. OECD 회원국 기준 한국은 38개국 중 35위에 불과하다. 우리 뒤에는 멕시코(1%)와 일본(2.2%), 폴란드(2.5%)만 자리 잡고 있다. OECD 회원국 평균(14%)과는 비교하기 민망한 수준이다.

OECD 회원국 인구 대비 외국 출생 인구 비율

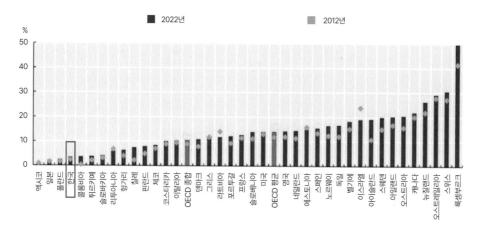

■ 2022년　　　　■ 2012년

자료: OECD

우리나라 역시 이민 정책의 일선에 뛰어들고 있다. 한동훈 전 법무부 장관은 윤석열 정부가 들어선 이래 법무부 산하 외청인 이민청 설립을 준비했다. 2023년 8월엔 외국인 숙련기능인력 쿼터를 연간 3만5000명으로 확대하는 등 새로운 식구를 모시기에 분주하다.

그러나 여전히 한국 내에서의 이민 담론은 '부족한 노동력'을 채우는 수준에서 논의되고 있다. 이제는 한국 산업계에서 빠져선 안 될 외국인 노동자 관련 일을 고용노동부가 주관하고 있고, 현재 논의되고 있는 이민청 역시 법무부 산하에서 '불법 체류 엄단'과 '외국인 노동력 공급'이란 측면에서 다뤄지고 있다.

물론 이민을 통해 생산가능인구를 확충함으로써 한국 사회가 이득을 얻을 수 있지만, 이 같은 논의 역시 새로 한반도로 들어오는 이민자들을 한국 국민이 될 잠재적 존재로서 바라보는 측면에서 시작돼야 한다. 현재 한국에서 이와 같은 이민 정책이 그나마 실현되고 있는 곳이 여성가족부다. 여가부는 국제결혼으로 한국에 들어와 영주권과 국적을 취득하는 이민자들을 담당하면서 진정한 의미의 '이민 정책'을 펼치고 있다.

이처럼 이민자들을 단순히 노동력 공급원으로만 바라보는 현재의 시각은 한계를 드러내고 있다. 이민자들이 한국 사회의 다양성을 증진시키고, 경제적 활력을 불어넣으며, 문화적 풍요로움을 가져올 잠재력을 가진 중요한 구성원임을 인식해야 할 때다. 정부와 사회가 이민자들을 국민의 일원으로 포용하는 진정한 의미의 이민 정책을 수립하고 실행하기 위해서는 광범위한 사회적 논의와 합의가 필요하다.

한국이 진정한 다문화 사회로 발전하기 위해서는 이민자들이 한국 사회에 원활히 통합될 수 있도록 하는 다각적인 접근 방식이 요구된다. 이를 통해 한국은 글로벌 경쟁력을 강화하고, 인구 감소와 같은 사회적 도전에 효과적으로 대응할 수 있을 것이다. 이민자들이 한국 사회의 다양한 분야에서 활발히 활동하며, 그들의 재능과 열정이 한국의 미래 발전에 기여할 수 있도록 지원하는 것이 중요하다.

아세안 'YES'를 새로운 이웃으로

그렇다면 우리는 어떤 이들을 이웃으로 받아들여야 할까. 한국 사회에 대해 충분히 호감을 가지고 있고, 인구 측면에서 도움을 줄 수 있는 풍부한 인적자원이 있는 나라의 시민들이 좋을 것이다. 아울러 지리적으로 가깝고 한국 사회에 기여할 수 있는 인재면 더할 나위 없다.

우리가 주목해야 할 이들이 바로 가까운 이웃 ASEAN(아세안·동남아시아 국가연합)의 청년들이다. 아세안의 젊고(Young), 교육받았고(Educated), 기술력이 풍부한(Skilled) YES족이야말로 성장 잠재력이 높은 데다 문화적 갈등은 최소화할 수 있는 여건을 갖추고 있다.

우선 아세안 국가들을 포함한 동남아시아의 인구 잠재력은 한국과 궤를 달리한다. 유엔 아시아·태평양 경제사회위원회에 따르면, 동남아의 평균 출산율은 2.1명으로 인구 유지가 가능한 수준이다. 2022년 기준 캄보디아(2.4명), 인도네시아(2.2명), 라오스(2.5명), 미얀마(2.2명)는 인구 유지선을 넘었고, 동남아의 맹주 베트남과 필리핀도 각각 2.0명, 1.9명으로 한국의 두 배를 훌쩍 넘는다. 아세안 국가들 중 한국과 같은 인구 문제를 겪고 있는 나라는 태국과 싱가포르가 유일하다.

출산율이 받쳐주다 보니 여전히 청년 비중이 높다. 이들의 중위 연령은 29.6

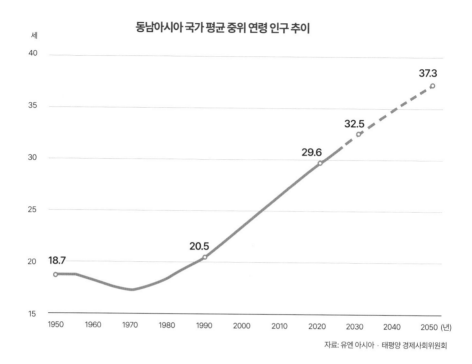

동남아시아 국가 평균 중위 연령 인구 추이

세

자료: 유엔 아시아 · 태평양 경제사회위원회

세이고 전체 인구의 절반가량이 30세 미만이다. 중위 연령이 46세인 한국과 비교하면 차이가 더욱 뚜렷하다. 통상 인구 이동의 핵심이 청년층을 중심으로 이뤄진다는 것을 감안하면 아세안에 대한 문호 개방은 한국 사회를 더욱 젊게 만들어줄 동인으로 작용할 가능성이 크다.

한국에서 아세안을 비롯한 동남아에 대한 인식이 아직 '저숙련 노동자'와 '후진국'에 머물러 있는 것과 달리 아세안 청년들은 무궁무진한 발전 가능성을 보여준다. 2019년 세계경제포럼(WEF)에서 발표된 '아세안 청년: 기술, 역량, 그리고 일의 미래' 보고서에 따르면 설문에 참여한 아세안 청년 중 53%가 자신의 기술을 지속적으로 발전시켜야 한다고 생각했다. 아울러 응답자의 9%는 현재 본인이 보유하고 있는 기술이 이미 시대에 뒤떨어졌다고 답했다. 이는 아세안 청년들이 미래 직업에 대한 기술의 잠재적 영향을 잘 인식하고 있으며, 자신의 기술을 업그레이드하고 투자해야 할 필요성을 강하게 인식하고 있음을 보여준다. 아세안 청년들의 이러한 사고방식과 평생 학습에 대한 의지는, 현재 한국 사회에서 젊은이들에게 요구하는 내용과 닮은 측면이 있다.

우리가 더욱 집중해야 할 것은 이들이 해외 진출 의지가 크다는 것이다. 같은 설문에서 아세안 청년의 46%가 자국이 아닌 해외에서 일하기를 열망하고 있었다. 다른 아세안 국가에서 일하기를 원한다는 응답이 가장 많았지만, 아세안이 아닌 다른 국가에서 일하기를 원한다는 응답도 절반에 가까웠다.

한국과 마찬가지로 아세안 청년들 역시 트렌드와 변화에 민감하고 적응도 빠르다는 점을 알 수 있다. 이들이 가장 자신 있다고 답한 소프트스킬은 탄력성과 적응성, 소셜미디어와 전자상거래와 같은 기술 사용, 창의성 및 혁신, 분석적 사고 등이었다. 즉 한국이 갖고 있는 선입견과 달리 아세안 청년들은 2024년 한국 MZ세대의 특성을 보유하고 있다.

아세안 청년들의 또 다른 특징 중 하나는 한국에 대한 우호도가 높다는 것이다. K팝, K드라마 등 국산 문화 콘텐츠가 만들어낸 열풍은 유독 동남아 지역에서 강하게 불었다. 한·아세안센터가 발간한 '2021 한·아세안 청년 상호인식 조사'에 따르면 현지 아세안 청년의

2021년 한·아세안 청년 상호 신뢰도 조사

주변국과의 비교						
신뢰도				미래도움		
현지 아세안청년	주한 아세안청년	한국청년		현지 아세안청년	주한 아세안청년	한국청년
한국	한국	미국	1위	아세안	한국	미국
일본	호주	호주	2위	일본	일본	아세안
호주	일본	아세안	3위	한국	미국	호주
아세안	아세안	일본	4위	미국	아세안	일본
미국	미국	중국	5위	호주	호주	중국
중국	중국	-	6위	중국	중국	-

자료: 한·아세안센터

93.6%, 한국 거주 아세안 청년의 96.7%가 가장 신뢰하는 국가로 한국을 꼽았다. 현지 아세안 청년의 경우 한국 다음으로 일본(92%)과 호주(87.6%)를 신뢰한다고 답했고, 주한 아세안 청년도 호주(91.7%)와 일본(88.2%)을 꼽았다. 한국 청년들 역시 아세안에 대해 높은 수준의 신뢰도를 보이고 있었다. 한국 청년들은 64.4%가 아세안을 신뢰한다고 말해 아세안이 일본(39%)과 중국(16.7%)보다 훨씬 우위에 있었다.

아세안 청년들과 한국 사이의 상호 신뢰와 호감은 한국이 이민 정책을 제고하고 새로운 이웃을 맞이하는 데 있어 중요한 기회를 제공한다. 이러한 배경을 바탕으로, 한국 정부와 사회는 아세안 청년들에게 더 개방적이고 포용적인 환경을 제공함으로써 양측 간 긍정적인 관계를 더욱 강화할 수 있을 것이다. 이는 단지 경제적 이익을 넘어 문화적 교류와 상호 이해를 증진시키는 중요한 계기가 될 수 있다.

한국 정부는 아세안 청년들을 위한 교육, 취업 그리고 사회 통합 프로그램을 개발해 이들이 한국 사회의 일원으로 원활히 통합될 수 있도록 지원해야 할 필요성이 있다. 또한 아세안 청년들의 기술력과 창의성을 활용해 한국의 기업과 산업 발전에 새로운 활력을 불어넣을 수 있는 기회를 모색해야 한다.

결론적으로 아세안 청년들과의 깊어진 연결은 한국 사회를 더 젊고, 역동적이며, 다양한 문화가 공존하는 사회로 변모시킬 잠재력을 가지고 있다. 이러한 변화는 한국이 글로벌 무대에서 더 큰 역할을 하고, 지속 가능한 성장과 발전을 이루는 데 필수적인 요소가 될 것이다.

이민 패러다임 바꾸는 '원아시아 솅겐조약'

매일경제는 아세안 청년들을 잡기 위한 '원아시아 솅겐조약'을 제안한다. 앞서 1985년 유럽연합(EU)은 회원국 간 국경을 지날 때 비자나 여권 없이 자유롭게 왕래할 수 있도록 한 국경 개방 조약인 '솅겐조약'을 체결한 바 있다. 1995년 독일, 프랑스, 네덜란드, 벨기에, 룩셈부르크 등 5개국 간 처음으로 협정이 발효된 이래 가입국이 늘어 EU 회원국 전부와 유럽자유무역연합(EFTA) 4개국이 조약 당사자가 됐다. EU가 솅겐조약 아래 인구와 물자의 자유로운 이동으로 유럽 단일 경제권을 구축할 수 있었다면, 한국은 아세안 국가들과의 '원아시아 솅겐조약'을 체결해 경제적 이점을 얻을 수 있다. 이뿐 아니라 한국 사회에 새로운 활력을 불어넣을 수 있을 것으로 보인다. 한국과 아세안 10개국 간 단일 권역 체결 시 GDP 규모는 미국, 중국에 이어 세계 3위(5조달러)에 이르고, 인구 역시 인도와 중국에 이은 7억명에 다다른다.

당연하게도 '원아시아 솅겐조약'은 무분별한 개방에 따른 사회적 갈등과 부작용을 최소화하는 방안으로 나아가야 한다. 아울러 저숙련 단순노동 위주의 동남아 노동력을 활용한 뒤 본국으로 송환시키는 현재 이민 정책과의 차별화에 성공해 장기적으로 대한민국 국민이 될 의욕 있는 청년들을 우선적으로 받는 기조를 유지해야 한다.

베트남 호찌민에 KAIST 캠퍼스를

아세안 청년들의 한국 유입은 국내 명문대학의 해외 캠퍼스 설치를 적극 지원하는 것부터 시작하는 게 바람직하다.

최근 들어 한국의 비수도권 대학을 중심으로 아세안 대학들과 교류하거나 현지 캠퍼스 건립에 나서는 경우가 늘어나고 있다. 2023년에만 경상국립대와 건양대, 강원도립대, 평택대 등 대학 10여 곳이 베트남 현지 사립대와 협약을 맺거나 현지 캠퍼스 설립 구상을 발표했다. 경상국립대는 베트남 하이퐁시 짱깟 도시개발사업지구에 대학 캠퍼스와 대학병원을 건립하기 위한 양해각서(MOU)를 하이퐁시 인민위원회 등과 체결했다. 충남 건양대도 호찌민 휴텍대와 헬스케어 단과대, 암센터 등을 건립하고 학부 학위 과정과 대학원 과정을 운영하는 협약을 맺은 바 있다. 이처럼 한국 대학들은 학령인구 감소에 따른 위기를 동남아 학생들을 유치함으로써 해결하려 하고 있다.

그러나 단순한 대학의 학생 수 충원이 아닌 이들이 한국으로 이주해 한국 사회의 일원이 되게 하는 유인책을 설계한다면, 한국의 인구위기를 극복하는 하나의 방안이 될 수 있다는 점을 고려해야 한다. 이를 위해 검증된 교육기관인 국내 유수 명문대들의 동남아 진출을 적극 권장하고, 해외 캠퍼스 졸업생에게 국내 이주 인센티브를 제공하는 방안을 추가할 필요가 있다.

아세안 10개국 + 한국 간 단일 권역 : GDP 5조달러, 인구 7억명

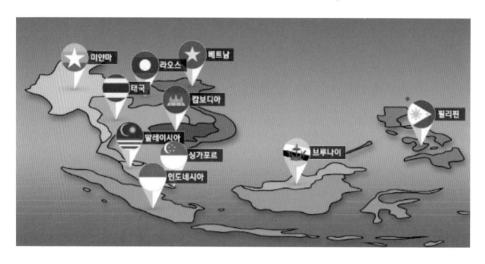

예를 들어, 국내 대학의 해외 캠퍼스 졸업생은 취업 준비 기간을 포함한 일정 기간 동안 비자 발급을 원활하게 해주는 것 등이 있다. 이 같은 정책은 정부의 국내 체류 외국인 유학생 비자 발급 과정을 보면 그 필요성이 절실하다. 법무부는 외국인 유학생의 비자 발급 심사 기준으로 학력과 재정, 국적을 명시하고 있다. OECD 국가 출신은 각종 서류 제출을 면제받지만, 국내 유학생의 89.2%인 대부분의 아시아 출신은 더 엄격한 심사를 받는다.

이러다 보니 한국에 희망을 품고 들어온 외국인 유학생마저 한국에 정착하지 못하고 있는 실정이다. 2022년 국내 학위 과정 유학생은 14만명으로 2010년보다 2배 이상 늘었지만 국내 취업률은 16%에 불과했다. 한국과 유사한 사회문화적 환경을 가지고 있는 일본이 37%인 점을 감안하면 심각성을 알 수 있다.

국내 대학의 해외 진출을 가로막는 각종 규제에 대한 손질도 필요하다. 현재 교육부 규정상 대학교 교직원은 정규 학기 중 외부 출강이 금지돼 국내 대학 교수들은 학기 중 해외에 나가 상의를 할 수 없다. 또 '외국 대학의 국내 교육 과정 운영 기준'상 학기별로 개설된 전

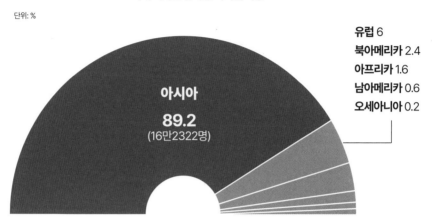

국내 외국인 유학생 지역별 비중

단위: %

아시아
89.2
(16만2322명)

유럽 6
북아메리카 2.4
아프리카 1.6
남아메리카 0.6
오세아니아 0.2

자료: 한국교육개발원

체 전공 교과목 학점의 4분의 1 이상은 반드시 국내 대학 전임교원이 담당해야 한다. 그러나 이 같은 규정이 이어진다면 필요한 교원을 확보하기 어렵다는 것이 국내 대학들 입장이다.

반면 미국과 영국, 호주 등 영미권 국가들은 대학의 해외 진출을 적극적으로 돕고 있다. 미국은 고등교육평가인증협회 등을 통해 해외 캠퍼스의 교육 질을 보장하고 평가를 관리하고 있다. 영국은 1997년 대학과 정부의 재정이 함께 투입된 '고등교육질 보장기구'를 통해 교육 질을 유지하고 있다. 호주는 1998년 교육국제부를 설립해 운영하고 있다. 부처는 해외에 진출한 대학에 재정

적 지원과 시장 조사, 홍보 등을 제공한다. 국회입법조사처가 발간한 '국내 고등교육기관의 해외 진출 현황과 과제' 보고서는 "국내 대학의 해외 진출을 촉진하려면 해외에 진출한 국내 대학의 질을 평가하고 관리하기 위한 제도 도입과 관련 법령에 대한 정비가 필요하다"고 강조하기도 했다.

최근 국내에서 시작되고 있는 청소년 유학생 유치도 중앙정부 차원의 관리와 지원이 필요하다. 경북 지역 9개 고등학교는 2024년 외국인 유학생 65명을 선발한다고 밝힌 바 있다. 한국해양마이스터고 · 의성유니텍고 · 신라공고 · 경주정보고 · 경주여자정보고 · 명

인고 · 한국국제조리고 · 한국철도고 등 8개 직업계고에서 총 49명이 선발됐다. 유학생들은 인도네시아와 태국, 베트남, 몽골 등으로부터 왔다. 경북 김천시의 자율형 사립고인 김천고도 중국인 8명, 베트남인 7명, 캄보디아인 1명 등 16명의 외국인 유학생을 받기로 했다. 임종식 경북도교육감은 이와 관련해 "우수 유학생 유치 목적은 양적 확대가 아니라 입학부터 졸업 후 진로까지 전 과정에 대한 지원 · 관리를 강화해 직업계고 글로벌 경쟁력 강화와 지역경제 활성화라는 두 마리 토끼를 잡는 데 있다"고 밝혔다.

아세안 국가 청년들과 한국 대학 간 교류는 한국 사회에 새로운 활력을 불어넣는 동시에, 국제화를 향한 한 걸음이라고 볼 수 있다. 이러한 상호작용은 단순한 학생 교류를 넘어 미래의 글로벌 리더를 양성하고 한국 사회의 다양성과 포용성을 높이는 데 기여할 수 있다. 교육부와 각 대학이 아세안 국가 청년들을 위한 맞춤형 프로그램을 개발하고, 이들이 한국에서의 학습뿐만 아니라 사회적 · 문화적 측면에서도 싱공적으로 통합될 수 있도록 지원하는 것은 매우 중요하다.

더 나아가 이러한 교류는 한국과 아세안 국가들 간의 경제적 · 문화적 파트너십을 강화하는 계기가 될 것이며, 이는 양 지역의 상호 발전과 번영에 기여할 것이다. 한국 정부와 대학들은 아세안 청년들을 위한 장학금 제공, 취업 기회 확대, 비자 발급 절차 간소화 등의 노력을 통해 이들의 한국 유학과 이주를 적극적으로 장려해야 한다. 그렇게 되면 한국은 글로벌 시대에 걸맞은 국제적인 교육 및 연구 허브로서 지위를 더욱 공고히 할 수 있을 것이다.

결국, 아세안 청년들과의 교류 확대는 한국의 인구위기 극복과 국제 경쟁력 강화라는 두 가지 중대한 과제를 동시에 해결할 수 있는 전략적 선택이 될 수 있다. 이는 한국이 글로벌 커뮤니티의 적극적인 일원으로서, 더 개방적이고 포용적인 사회로 발전하는 데 중요한 기여를 할 것이다.

VIP · 숙련공 · 고학력부터 차근차근

'원아시아 셍겐조약'의 핵심은 아세안 국가늘과의 본격적인 융합이다. 문제는 이로 인해 발생하게 될 부작용에 대한 우려도 부인할 수 없다는 것이다. 서로 다른 문화와 성장 환경을 지닌 인구 집단 간의 조우에는 마찰이 발생할 수밖에 없기 때문이다. 이에 대응하기 위해선 단계적 접근이 필요하다.

먼저 아세안 10개국 중 국내 기업들의 진출과 인적 교류 등이 활발한 주요 국가들과의 우선 협정을 고민해볼 필요가 있다. 아세안 내 주요 경제권으로 지칭되는 VIP(베트남·인도네시아·필리핀) 혹은 주요 6개국(VIP+말레이시아·싱가포르·태국)과 우선적인 사증 면제 협약을 맺는 방식이다.

아울러 배전과 용접 등 국내에서 숙련 인력난으로 신음하는 뿌리산업 분야에서부터 개방성을 확대하는 방안도 고려할 필요가 있다. 실제로 이와 같은 뿌리산업은 한국 청년들의 기피 현상이 심각해 만성적인 인력 부족을 겪고 있다.

전기선을 까는 배전 분야는 신규 인력이 들어오지 않아 근로자의 고령화가 심각하다. 2019년 기준 배전전문회사의 상근직 연령별 분포를 보면 무정전은 40대가 34.6%, 50대가 41.9%를 차지하고 있다. 가공배전은 40·50대가 61%를 기록했다. 한국전력공사는 급기야 2020년 63세까지 근로가 가능했던 배전 기능인력의 나이 제한을 폐지하겠다고 발표하기도 했다.

용접과 주조, 금형 등 뿌리산업은 더욱

2024년 외국인 근로자 도입 규모에 대한 의견

구분	전체	제조업	뿌리업종^{주)}	건설업	서비스업
올해보다 확대	36.9%	42.5%	50.3%	17.2%	21%
올해 수준 유지	58.7%	54.1%	44.3%	73.6%	73.7%
올해보다 축소	4.4%	3.4%	5.4%	9.2%	5.3%

주: 뿌리업종이란 주조, 금형, 용접 등 제조업 전반에 걸쳐 활용되는 기반 공정기술과 정밀가공 로봇, 센서 등 제조업 미래 성장에 핵심적인 차세대 공정기술 업종을 의미.

자료: 한국경영자총협회

심각하다. 한국경영자총협회가 300인 미만 제조 · 건설 · 서비스업 615개사를 대상으로 실시한 '외국인 근로자 활용 현황 및 정책 인식 조사' 결과, 2024년 외국인 근로자 도입 규모에 대해 '확대돼야 한다'고 응답한 기업은 36.9%였다. 이 중 용접 등 뿌리산업의 경우 '확대 필요' 응답이 50.3%로 절반을 넘었다. 수작업 위주의 열악한 작업 환경과 청년층의 기피로 만성적인 인력난을 겪고 있는 뿌리산업의 현실을 볼 수 있다.

기업들이 외국인 근로자를 고용하는 이유는 '내국인을 구하기 어려워서'라는 응답이 92.7%로 압도적으로 많았다. 국내 산업계에서도 뿌리산업을 비롯한 산업 전반의 인력 부족을 해소하기 위한 외국인 인력 정책의 필요성을 강조하고 있다. 김선애 경총 고용정책팀장은 "뿌리업종 제조업체의 50.3%가 2024년 외국인 근로자 도입 규모를 확대해야 한다고 응답할 정도로 현장의 인력난은 여전히 심각하다"며 "중소 제조업체의 인력 부족을 해소하기 위해서는 2024년 외국인 근로지 도입 규모가 최소 15만명 이상은 돼야 한다"고 말했다. 아세안과의 융합에 앞서 현재 한국에서 일하고 있는 아세안 근로자들의 정주민화를 우선적으로 논의하는 방안도 필요하다. 이들은 이미 한국 사회에 익숙해져 있는 데다 지역 사회 유지를 위한 필수인력으로 활용되고 있기 때문이다. 일부 지방자치단체에선 이러한 '외국인 노동자의 정주민화' 움직임이 서서히 포착되고 있다. 최근 열린 '강원특별자치도 이주노동자와 지역사회 상생 포럼'이 대표적이다. 김권중 강원특별자치도 균형발전과장은 "정부의 정책 기조는 (외국인 노동자의) 단순 '거주'에서 '정주' '이민'의 패러다임으로 전환되는 추세"라며 "시군과 기업체의 인력 수요 조사, 지역 대학과의 협력을 통해 외국인들이 떠나지 않도록 하겠다"고 강조했다.

이와 같은 단계적 접근의 필요성을 강조하는 것은 아세안 국가들과의 융합 과정에서 발생할 수 있는 다양한 문제와 마찰을 최소화하고, 상호 이해와 협력을 기반으로 한 긴밀한 관계 구축을 이루는 것을 목표로 하기 때문이다. 뿌리산업 등 특정 분야에서 외국인 인력 도입 확대와 같은 초기 소치는 이러한 융합 과정에서의 첫걸음이 될 수 있다. 그러나 이것만으로는 충분하지 않으며,

문화적 다양성을 인정하고 서로의 차이를 존중하는 깊은 수준의 교류와 협력이 필요하다.

아세안 국가들과의 융합은 단기간에 달성할 수 있는 목표가 아니며, 지속적이고 체계적인 노력이 요구된다. 한국과 아세안 국가들 간의 지속 가능한 발전과 상호 이익을 위해, 문화적 이해와 존중을 바탕으로 한 단계적이고 전략적인 접근이 필수적이다. 이 과정에서 한국 내 아세안 근로자들의 정주민화와 같은 구체적인 조치들이 이민 정책과 국제 관계에 긍정적인 변화를 가져올 것이며, 이는 더욱 포용적이고 다양성을 존중하는 사회로 나아가는 길을 제시할 것이다.

아세안 파이프라인, 현지에 답 있다

그동안의 이민 정책은 '수동적인 외국인 유입'으로 정리할 수 있다. 정부가 야심 차게 설립을 추진하고 있는 이민청 역시 이 같은 접근 방식에서 벗어나지 못한 것을 감안할 때 과거 이민 정책과 같은 궤를 그리고 있다고 볼 수 있다. 그러나 이민자를 유치하기 위한 글로벌 경쟁이 심화되고 있는 시점에서 이 같은 소극적인 방식은 더는 통하지 않는다. 오히려 우리가 모셔올 아세안 청년들에게 먼저 다가가는 적극성이 필요하다.

이를 위해 아세안 현지에 인적자원센터(Human Resource Center · HRC)를 설립하고 한국에 필요한 인력을 선제적으로 교육하는 제도의 도입이 요구된다. 최근 현대미포조선과 베트남 정부 간 우수 기능인 양성을 위한 협약 체결이 좋은 선례가 될 수 있다. 현대미포조선은 '조선업 인적자원 개발 업무협약'을 맺었다. 현대미포조선이 이론 · 실습이 연계된 맞춤형 교육 프로그램을 개발 · 운영하고, 베트남 당국은 기능 인력을 발굴하고 한국에 들어오는 입국 행정 지원에 힘쓰는 방식이다. 현대미포조선은 현지 당국이 지정한 직업교육훈련학교와 공동으로 용접, 도장, 전기 등 3개 직종별로 기본 · 심화 교육을 운영해 기능 인력의 기술력을 높인 뒤 한국어를 교육시키고 국내로 들여온다는 계획이다.

현재 한국 역시 정부와 공기업을 중심으로 현지 인력에 대한 교육을 지원하고 있다. 그러나 실상은 현지 교육 인력이 한국으로 유입되는 것이 아닌 현지 산업에 투입된다거나, 개별 부처별로 이뤄져 규모가 크지 않아 실효성이 부족하다.

일례로 중소벤처기업부는 최근 '2024년 해외 인력 취업 매칭 지원 사업'에 참여할 운영사를 모집한다고 밝혔다. 2023년 발표한 '스타트업 코리아 종합대책'의 일환으로, 소프트웨어 인력난에 시달리는 스타트업에 인력을 공급하고 해외 청년들과 국제적 교류를 꾀한다는 것이다. 문제는 정책에 투입되는 사업비가 겨우 14억원이고, 선정된 운영사는 단 한 곳에 기간은 5개월에 불과하다는 것이다.

아세안 현지에 설치될 HRC는 이 같은 단점을 보완하고 판을 키우는 방향으로 진행돼야 한다. 적극적인 인력 개발과 더불어 향후 원활한 국내 정착을 위한 사회문화적 교육도 병행되는 것이 좋다.

동시에 HRC는 국내 기업과 외국인 근로자를 연결하는 '허브' 역할을 할 수 있다. 이와 관련해 독일 연방노동청 산하 해외전문인력중개센터(ZAV)를 벤치마킹해봄 직하다. 독일에신 일손이 부족한 기업이 필요한 조건의 인력을 요청하면 1차로 ZAV 데이터베이스를 이용해 적합한 구직자를 연결해준다. 마땅한 인력이 없으면 해외에서 최적의 인력을 연결해준다. 이러한 시스템을 이용하는 것은 처우가 상대적으로 열악한 중소기업들이다. ZAV는 식당, 호텔, 공장, 간호 인력 등 다양한 산업군의 전문인력을 관리한다. 어느 업종의 인력이 부족한지 파악하고 외국에 방문해 조건에 맞는 이들을 찾으며, 필요하다면 직업훈련을 거치는 방식이다. 공적개발원조(ODA)의 일부를 '아세안발전기금'으로 편성해 HRC와 같은 아세안 현지 지원 전략의 일환으로 활용하는 것도 방안이다. 한국의 올해 ODA 예산은 6조8432억원으로 전년 대비 43.2% 늘어난 수치이자, 2010년 개발원조위원회(DAC) 가입 이후 연간 최대 증가액을 기록했다. 현 정부의 '글로벌 중추 국가 전략'에 따라 선진국형 ODA를 추진하겠다는 공약 이행을 위해 예산 규모를 대폭 확대한 것이다. 그동안 한국이 해외에 제공한 ODA 중엔 개발도상국의 인재 양성을 위한 교육 분야도 포함돼 있었다. 다만 이렇게 길러진 인재들의 국내 유입을 위한 방법론은 부재했던 것도 사실이다. 이에 아세안발전기금을 통한 현지 교육 및 이

한국 ODA 투자 추이

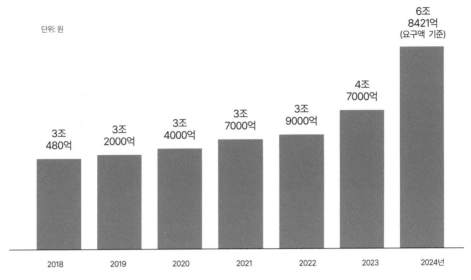

단위: 원

3조
480억
(2018)

3조
2000억
(2019)

3조
4000억
(2020)

3조
7000억
(2021)

3조
9000억
(2022)

4조
7000억
(2023)

6조
8421억
(요구액 기준)
(2024년)

자료: 기획재정부

들의 국내 유치라는 선순환 고리를 구축하는 것이다. 이는 한국이 글로벌 인재 유치 경쟁에서 우위를 점하고, 지속 가능한 발전을 이루기 위한 중요한 전략이 될 수 있다.

이민 정책의 새로운 방향 설정은 한국이 직면한 인구 감소 및 노동력 부족 문제에 대응하고, 글로벌 인재 유치를 통해 사회적·경제적 발전을 도모하기 위한 필수적인 조치로 평가된다. 이를 위해서는 정부와 기업, 사회 각 분야의 협력과 적극적인 노력이 요구된다.

원아시아 마지막 퍼즐, 화학적 융합

대한민국이 성공적인 이민국가로 거듭나기 위한 필요조건 중 하나는 선주민과 이주민의 화학적 융합이다. 한국보다 먼저 이민자 유치에 팔을 걷어붙였던 유럽에서조차 일부 국가들이 이러한 문제로 사회적 비용을 치르고 있다. 발칸반도와 중동의 난민을 적극 받아들였던 스웨덴이 대표적이다. 2022년 스웨덴 법무부는 부모가 모두 외국 이민자인 가정의 자녀는 스웨덴 원주민 가정의 자녀들보다 범죄율이 3.2배 높다는 수치를 밝히기도 했다. 스웨덴 사회에 융합되지 못한 이주민들은 자체적인 갱단을 조직하고 총기 사고 등 각종 강력범죄의 주범으로 지목되고 있다. 2023년 말까지 스웨덴에서 발생한 총기 범죄는 319건으로, 50명이 숨졌다. 국가별 총기 범죄 발생률도 알바니아에 이어 유럽 내 두 번째에 위치하고 있다. 스웨덴의 극우민족주의 정당인 스웨덴민주당은 2022년 총선에서 반이민자 바람을 타고 원내 2당으로 도약하기도 했다.

새로운 이웃을 맞이하는 것이 선택이 아닌 필수인 한국이 지나칠 수 없는 문제다. 특히 한국인은 이주민에 대한 경계심이 여전히 높다는 점에서 우려가 커진다. 세계 가치관 조사(World Values Survey)의 최신 데이터(2017~2021)에 따르면, 이주민에 대한 한국의 날 선 눈초리를 확인할 수 있다.

해당 조사에서 한국 응답자들은 '내 이

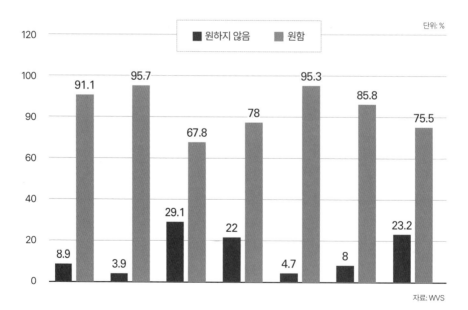

Q. '내 이웃이 이주자·외국인 노동자이기를 원하지 않나?'라는 질문에 대한 국가별 응답 비중

단위: %

■ 원하지 않음 ■ 원함

자료: WVS

웃이 이주자·외국인 노동자이기를 원하지 않는가?'란 질문에 22%가 그렇다고 답했다. 일본(29.1%)을 제외하면 독일(3.9%), 미국(8%), 호주(8.9%) 등 이민 선진국들과 비교해 유난히 높은 경계심을 보이는 것이다.

결국 '원아시아 솅겐조약'이 성공하려면 이주민과 선주민 간 공존을 위한 준비를 지금부터 해야 한다고 볼 수 있다. 이와 관련해 '원아시아 인구문화연구소'를 설립해 집단 간 화학적 융합을 위한 정부 차원의 연구와 제도 논의를 시작할 필요가 있다.

아울러 정부와 지자체 등 행정 단위별로 이주민과 원주민 간 각종 갈등을 중재하고 양측이 어우러지도록 돕는 '갈등관리자제도'를 도입하는 것도 방법이다. 독일의 경우 '통합관리자(Integrationsbeauftragte)'제도를 운영하며 주민들 간 파열음을 관리한다. 이 조직은 연방정부를 비롯해 주정부 및 하위 행정기관 등 다양한 행정 단계에서 다양한 명칭으로 존재한다. 조직별로 업무에 대한 세부적인 내용은 다르지만 지역 내 주민 간 통합과 포용을 진작시키기 위해 활동한다. 예를 들어 독일 노르트라인베스트

팔렌주는 '지역통합센터(Kommunale Integrationszentren)'란 이름의 통합관리자제도를 운영한다. 이들은 지역 내 통합을 위한 데이터와 팩트를 분석하고, 통합 정책을 개발한다. 특히 이민자 가정의 어린이와 청소년의 교육 기회를 넓히는 데 힘쓰고 있다. 센터 교육자들이 이민자 가정 아이들의 편입과 교육 및 직업훈련, 교과 외 활동 등에 대해 지원하고 학부모, 아이들과 상담을 실시하는 방식이다.

한국 역시 '갈등관리자제도'를 통해 다문화 교육 및 상호 문화 이해 프로그램 확대, 이민자 커뮤니티와의 지속적인 소통 및 협력 채널 구축 그리고 공공정책 및 사회 시스템 내에서 이민자들의 참여를 촉진하는 정책을 주관해야 한다.

또한 한국 사회 전반에 걸쳐 다양성과 포용성에 대한 인식을 증진시키기 위한 국가 차원의 캠페인을 실시하는 것도 필요하다. 이를 통해 이주민과 선주민 간 상호 존중과 이해의 문화를 조성하고, 한국이 글로벌 무대에서 더욱 열린 사회로 인식될 수 있는 기반을 마련할 수 있을 것이다.

"이민은 선택이 아닌 필수"

아드리안 하이어만

베를린 인구개발연구소 연구원

아드리안 하이어만 베를린 인구개발연구소 연구원.
사진: 베를린 인구개발연구소

이민이 한국 사회의 주요 담론으로 떠오르면서 '다른 집단'의 유입에 대한 막연한 불안감도 커지고 있다. 일부는 단일민족이란 정체성을 강조하는 한국 사회의 성격상 이민 확대는 득보다는 실이 클 것이라고 말한다. 이민자 폭증에 따른 사회적 갈등 확대와 불법 체류, 치안 불안 등이 대두될 것이란 문제 제기다.

그러나 '단일민족'으로서 역사적 과오를 저지르고 '이민자의 나라'로 성공적으로 안착한 독일에서 들려온 목소리는 다르다. 독일 베를린에 위치한 베를린 인구개발연구소의 아드리안 하이어만 연구원은 현대사회에서 이민은 "현실이자 필수"라며 인구 문제 해결을 위한 궁극적인 해답이라고 밝혔다. 다음은 하이어만 연구원과의 문답.

몇 년 전 현지 매체에 기고한 글을 통해 불법 이민에 대한 부정적인 태도는 EU 시민들에게 '치명적인 오류'라고 강조했다. 독일에 이민의 의미는 무엇인가.

▷독일 정부에 따르면 '비정규 이민자'라는 용어는 공식적인 거주 허가 없이 독일에 거주하며 등록되지 않은 사람을 의미한다. 이에 따라 '비정규 이주자'에 대한 데이터는 거의 존재하지 않는다. 독일에선 일반적으로 '불법 이민'이란 용어를 사용하지 않고, 비정규 이주에 초점을 맞추기보다는 이민에 대해 더 폭넓게 살펴보고 있다.

인구학적 관점에서 이민은 두 가지 의미를 동시에 지니고 있다. 첫째, 이민은 현실이다. 사람들은 항상 이동해 왔고, 이러한 이민은 오늘날의 국민국가를 형성하는 데 크게 기여했다. 1950~1960년대 주로 이탈리아, 스페인, 그리스, 튀르키예 등에서 독일로 온 이른바 '게스트 노동자'는 2차 세계대전 이후 경제 발전에 크게 기여했다. 이들 중 다수는 가족을 데리고 독일에 머물렀고, 현재 다양한 독일의 일부로 자리 잡고 있다. 2000년대 초반부터 국가 기관들은 독일이 이민국가라는 사실을 점점 더 공식적으로 인정하고 있다.

둘째, 독일이 경제적 부를 유지하려면 이민은 필수다. 현재 독일의 노인 부양인구는 생산가능인구(20~64세) 100명당 40명을 약간 웃돌고 있다. 이민이 전혀 없다면 2035년에는 생산가능인구 100명당 노인 부양인구가 60명을 약간 상회하는 수준으로 바뀔 수 있다. 이러한 예측은 이민 수준에 대해 긍정적인 가정을 하더라도 노동연령인구가 감소할 것임을 나타낸다. 독일 고용연구원의 연구에 따르면 인구 고령화의 영향을 피하거나 최소한 약화시키려면 매년 약 40만명의 순이동이 필요하다.

이 같은 독일의 상황은 어떤 시사점을 주나.

▷크게 두 가지 시사점이 있다. 우선 시민사회와 기업은 이주를 우리 삶의 정상적인 일부로 받아들이는 문화를 강화하고 모든 사람을 위한 포용과 참여를 확대해야 한다. 그러지 않으면 이곳에 온 사람들은 조만간 다시 떠날 수밖에 없다. 단순히 환영하는 문화뿐만 아니라 지속 가능한 근로 조건, 직장 참여, 적절한 임금을 제공하는 것이 중요하다.

둘째, 독일로 이민을 원하는 사람들이 기존의 이민 채널을 쉽게 이용할 수 있어야 한다는 점이다. 예를 들어 현재 독일 정부는 다른 나라에서 직업훈련이나 대학 학위를 받은 사람이 독일에서 일할 수 있는 규정을 간소화했는데 이 규정은 앞서 많은 이민자에게 고통을 주는 까다로운 과정 중 하나였다.

다양한 배경을 가진 인구의 융합으로 인해 발생하는 문화적 갈등에 대해 독일은 어떻게 해결했나.

▷독일과 같이 이질적인 사회에서는 필연적으로 갈등이 발생할 수밖에 없다. 하지만 이주민들은 단지 '도착'한 것일 뿐이고, 이는 그 시점부터 이들과 선주민들이 어떻게 한 사회가 돼야 하는지에 대해 서로 논의할 수 있다는 것을 의미한다. 따라서 갈등은 어렵지만 반드시 나쁜 것만은 아니다.

독일에서 갈등 관리의 핵심은 사람들이 상호작용하는 지역 단위에 있다. 지역 차원의 포용 정책에 대한 연구에 따르면 독일의 400개 지역 중 일부는 참여를 강화하여 잠재적 갈등과 관련된 문제를 해결하려고 노력한다. 이를테면 어떤 지역들은 이주민과 선주민을 포함해 다양한 지역민을 대표하는 지방 행정부 자문기구를 설립한다. 이는 갈등을 조정하고 중재할 뿐만 아니라 보다 일반적인 소통을 촉진하는 공간이 될 수 있다. 때로는 지역의 소위 '통합 관리자'가 이 역할을 맡기도 한다.

또한 일부 지역에서는 다양한 인구와 잠재적으로 발생할 수 있는 갈등을 바라보는 패러다임의 전환이 이뤄지고 있는 것으로 나타났다. 예를 들어 이주민에 초점을 맞추기보다는 취업 지원 등 자원이 어떻게 분배되는지 그리고 그러한 지원이 필요한 모든 사람이 이를 이용할 수 있도록 하는 데 어떻게 도움을 줄 수 있는지 살펴보는 방식이다.

이런 방식은 '문화적 갈등'이란 프레임이 근본적인 문제를 직시하는 것을 방해할 수 있기 때문에 중요하다. 흔히 이주민과 선주민 간 갈등이라고 지칭하는 문화적 충돌이 사실은 계급적 지위나 성 불평등과 같은 구조적 문제를 가릴 수 있다는 뜻이다.

통합관리자라는 것에 대해 조금 더 설명을 부탁한다.

▷통합관리자는 독일 내 다양한 행정 단위에 존재한다. 국가 차원의 직책이 있고 모든 연방 주에는 통합관리자가

있으며, 앞서 언급한 것처럼 많은 지역 (Kreise) 또는 지자체(Gemeinden)에도 통합관리자가 있다. 때로는 다른 명칭으로 불리기도 하고 정확한 직무는 사례마다 조금씩 다르다. 다만 이들의 주요 업무는 주로 통합, 포용, 참여 분야의 활동을 조정하는 것이다.

여기서 중요한 점은 대부분의 통합관리자가 조정하는 동안 해당 도시·구·지역에서 중재 역할을 맡는다는 것이다. 또한 통합, 포용, 다양성과 관련된 문제를 개선하기 위한 구체적인 단계뿐만 아니라 전략적 목표를 설계하는 데도 참여한다. 시민사회단체와 개인의 참여를 중재하는 것도 이들의 업무 중 하나다. 즉, 이들은 지역 수준에서 일어나는 일을 잘 감독하고 행정, 시민사회 단체, 어학원, 사회 지원 기관 등의 관련자들과 긴밀히 연결됨으로써 갈등 관리에 성공하는 것이다. 재차 강조하지만 통합관리자가 이러한 문제에 적극적으로 개입할지(그리고 이를 업무의 일부로 여길지)는 지역별 통합관리자의 공식 직무에 따라 크게 달라진다.

사례를 들어줄 수 있나.

▷노르트라인베스트팔렌주에는 통합관리자뿐 아니라 모든 지역에 이른바 '지역통합센터(Kommunale Integrationszentren)'라는 기관이 존재한다. 이 기관은 통합관리자와 비슷한 역할을 수행하지만 더 많은 인력과 더 나은 재정을 갖추고 있고 보다 제도화된 접근 방식을 취하고 있다. 덧붙이자면, 독일 사회의 갈등을 다루는 것이 이러한 기관에만 국한되는 것은 아니다. 어떤 기관과 단체가 관여할지는 사안에 따라 다르다.

예를 들어 서로 다른 종교 단체 간 대화를 촉진하는 데 있어서는 시민단체가 지역적, 때로는 국가적 차원에서 중요하다. 노동조합은 일반적으로 노동과 관련된 갈등에 있어 가장 중요한 기관이다. 그리고 이주민 참여 여부에 관계없이 반인종주의 및 반파시스트 단체는 국가기관에 문제가 있을 때 사람들을 지원하고 반민주적 입장에 적극적으로 대처하는 등 활발하게 활동하고 있다.

한국은 세계에서 가장 심각한 저출산 문제를 겪고 있으며, 이로 인해 노동력 감소가 불가피한 상황이다. 이러한 인구학적 문제를 극복하기 위한 해결책은 뭐라고 보나.

▷많은 국가에서 출산휴가, 아동수당, 보육 보조금 지원과 같은 정책을 시행하고 있다. 이러한 정책은 여성에게 유익하고 출산에 대한 인센티브로 작용할 수 있으며 부모가 육아를 분담하는 데에도 기여할 수 있다.

하지만 연구에 따르면 출산 장려 정책으로 더 '많은' 여성이 아이를 낳게 되지는 않을 것으로 보인다. 다른 인구통계학적 추세가 훨씬 더 강력해 출산 정책이 인구위기의 근본 요소로 작용할 수 없다는 것이다. 이를테면 출산 정책의 효과에도 불구하고 여성을 위한 더 나은 직업과 교육 기회, 의료 서비스, 사회 규범의 변화는 출산율 감소로 이어진다. 이 모든 것이 합쳐져 출산에 훨씬 더 강력한 영향을 미친다는 뜻이다. 이와 관련해 앞서 설명했듯 이민이 인구 고령화를 늦추는 데 큰 역할을 할 수 있다. 이민은 산업화가 완료된 경제에서 인구학적 문제에 대처하는 중요한 해결책이며, 이주민과 이를 수용하는 사회의 입장을 적절히 고려해 모두에게 도움이 될 수 있다.

마지막으로 가족 및 이주 정책이 인구 고령화를 완화하는 데 기여하더라도 고령화 사회에 적응할 필요가 있다. 지역 차원에서 지방자치단체 또는 지구는 건축, 공공 인프라 및 사회생활이 모든 연령층의 복지에 어떻게 기여할 수 있는지에 대해 생각해야 한다.

이민을 제외하고는 출산율을 효과적으로 높이는 정부 정책이 없다는 뜻인가.

▷물론 정부 정책은 출산에 대한 인센티브로 작용할 수 있다. 여기에는 출산휴가, 아동수당, 보육 보조금 지원과 같은 정책뿐만 아니라 무급 돌봄 노동을 부모에게 더 공평하게 분배하는 정책도 포함된다. 그러나 이러한 정책이 출산율에 약간의 영향을 미칠 수 있지만 인구 고령화 등 다른 인구통계학적 추세에는 큰 변화를 가져오지 않을 것이다. 다시 말해 이러한 출산주의 정책이 출산율 하락의 주요 요인인 경제·사회 발전의 효과를 상쇄할 가능성은 낮다.

한국뿐 아니라 많은 동아시아 선진국들이 급격한 출산율 감소를 경험하고 있다. 여기에 대해 평한다면.

▷출산율 감소는 사회경제적 발전의 확대, 기대수명 증가와 함께 진행되는 전 세계적인 현상이다. 사회경제적 발전 과정에서 초기 산업화 국가들은 시기와 속도는 다르지만 모두 비슷한 인구학적 전환을 겪었다. 초기에는 생활환경, 적절한 주거 · 위생시설, 더 나은 보건 시스템과 위생 발전이 사망률을 낮추는 데 도움이 됐다. 하지만 한두 세대가 지나면 결국 출산율이 떨어지기 시작한다. 물론 이 중간 단계에서는 인구가 빠르게 증가한다. 동아시아 국가들은 이제 이민이 이 영향을 완화하지 않는 한 인구가 정체되거나 줄어드는 단계에 접어들었다. 출산율 하락에는 여러 가지 요인이 작용한다. 방금 설명한 인구학적 전환과 관련하여 가장 중요한 요인은 여아에 대한 교육, 제대로 된 보건 시스템 및 사회보장 시스템, 적절한 소득을 제공하는 일자리 등이다. 이러한 요소들이 함께 어우러져 사람들에게 삶의 상대적 자율성을 제공하고 가능한 삶의 경로를 넓혀준다. 이런 상황이 되면 결국 자녀와 가족 생활은 많은 선택지 중 하나가 될 뿐이지 필수불가결한 경로는 아니게 될 것이다.

글로벌 패권 경쟁에
활발해진 고급 인재 이동

고급 인재 유치 경쟁에서 뒤처지는 한국

강대국 간 패권 경쟁과 국제질서 개편으로 전 세계 경제 · 과학기술 · 정치 · 안보 등에서 현저한 변화가 일어나면서 세계적으로 광범위한 인재 이동이 벌어지고 있다. 유네스코에서 발표한 통계에 따르면 최근 20년간 국제 이민자 수가 1.6배 증가하는 동안 고등교육을 받은 전 세계 인재 이동 규모는 3배나 늘었다. 국제 이민자 수는 2000년 1억7300만명에서 2020년 2억8100만명으로 늘었는데, 전 세계 인재 이동 규모는 2000년 200만명에서 2019년 약 600

글로벌 패권 경쟁에 활발해진 고급 인재 이동

최근 20년간
1.6배 국제 이민자 수

3배 전 세계 인재 이동 규모*

*유네스코 고등교육 이수자 기준

만명으로 확대된 것이다.

산업통상자원부와 한국산업기술진흥원은 2022년 12월 '글로벌 인재 이동 동향 및 시사점' 보고서를 통해 지역 간·분야 간 인재 이동이 활성화된 이유로 주요국의 인구 고령화 및 출생률 저하, 안락한 삶에 대한 수요 증가, 다국적 기업의 세계 시장 진출 확대, 빅데이터 및 인공지능(AI)을 중심으로 추진되는 인더스트리 4.0 등을 꼽았다. 중국은 국가중장기인재발전규획요강을 통해 인재를 '일정한 전문 지식 또는 전문 기능을 보유하고 창조적 노동을 통해 사회에 기여하며 사회를 위한 가치를 창조하는 인적 자원 중 소양이 비교적 높은 근로자'로 정의하기도 했다.

산업기술진흥원은 인재 이동이 인구 규모와 지식·의식 수준을 모두 제고하는 역할을 담당하며 △현지 노동력 부족 문제 완화 △도시화 촉진 △사회 다양성 수준 제고 △첨단기술 혁신산업 발전 △경제 발전 잠재력 강화 등을 뒷받침한다고 분석했다. 저출산·고령화 사회를 맞아 인재 이동이 한 나라의 인구 규모를 늘리고 사회 발전에 기여한다는 설명이다.

인구 고령화가 가속화되고 출산율이 떨어지며 노동인구가 부족해지면서 미국, 중국, 영국, 일본 등 주요 선진국들은 고급 인재 유치에 적극 나서고 있다. 이들 나라는 자국 내 우수 인재 유치를 목적으로 비자 제도를 개선하고 창업·취업·거주 지원 등 다양한 정책을 마련하고 있는 실정이다.

산업기술진흥원에 따르면 미국은 석박사 등 특정 전문직 종사자를 대상으로

고급 두뇌 유치의 나비 효과

- 첨단기술 혁신산업 발전
- 경제 발전 잠재력 강화
- 도시화 경쟁력 향상
- 사회 다양성 수준 제고

하는 비(非)이민 비자인 H-1B의 무작위 추첨 방식을 과학(S)·기술(T)·엔지니어링(E)·수학(M) 분야의 첨단·고소득 인재 유치에 유리하도록 개선했다. 또 취업 이민 비자의 국가별 쿼터를 삭제하는 법안을 통해 자국 과학기술 기업이 중국과 인도의 고급 인재를 유치하는 데 유리한 환경 조성을 도모했다. 그 결과 미국 이민국에 따르면 2021년 10월 기준 H-1B 비자 허가율은 최근 10년간 최고치인 97.3%를 기록하며 도널드 트럼프 정부 당시의 허가율을 크게 상회했다.

중국 역시 2017년 '거류증'을 '거류신분증'으로 전환해 자국민 신분증과 동일하게 인정했으며 2015~2017년에 상하이, 베이징, 푸젠성 지역을 대상으로 외국 국적 인재의 혁신과 창업을 지원하기 위한 출입국 정책을 마련했다.

일본도 2015년 첨단 인재를 위한 '고도전문직 1호·2호 비자'를 신설했다. 또 연봉·학력 등에 따라 포인트를 부여해 다양한 우대 조치를 제공하도록 했다. 학술 연구나 전문 기술, 경영·관리 분야 신청자의 직업이나 학력, 자질, 연소득 등에 따라 포인트를 부여해 고급 인재의 일본 취업 제한과 영주권 신청 기준을 완화한 것이다. 그 결과 2022년 우수 인재 2만명 유치 목표를 2019년 2월에 조기 달성했다.

영국 역시 비자 제도를 개혁해 고급 인재와 유학생 유치에 총력을 다하고 있다. 영국은 2019년 '인재 비자'의 연도별 발급 수 제한과 비자 신청 시 입국 전에 일자리를 사전에 확정해야 한다는 제약을 철회하고, 가족의 영국 내 취업 권리 등을 보장한다는 인재 비자 개혁 비전을 제시한 바 있다. 또 2020년에는 '우수 인재 비자'를 대체하는 '글로벌 인재 비자'를 새롭게 만들어 학술·연구·예술·문화·디지털 기술 분야 인재의 경우 보증인 없이 영국 내에서 최장 5년간 근무할 수 있도록 했다. 같은 해 전문 기술 인재의 영국 내 취업을 유도하기 위해 '인재청'을 출범해 전 세계 일류 과학자를 유치하겠다는 계획을 발표하고 2022년 이들을 위한 HPI 비자를 새로 만들었다. 이를 통해 영국은 해외 적격 대학 졸업생에게 최소 2년간의 거류 비자를 발급한다.

글로벌 인재청 세우자

산업계의 인력난과 글로벌 패권 경쟁

속에서 한국이 산업 경쟁력을 강화하기 위해서는 '글로벌 인재청'을 만들어 해외 인력을 적극 유치·활용해야 한다. 현재 이민 정책은 여러 부처 소관으로 여기저기 흩어져 있고 각각 다르게 운영돼 기업이 예측할 수 없으며 일관성을 기대하기도 어렵다. 반면 영국, 싱가포르 등 주요국은 이민 정책을 총괄하는 컨트롤타워가 있고 이를 통해 해외 인력 현황을 분석·관리하고 있다. 한국이 지금이라도 해외 고급 인재 유치에 총력을 다하지 않는다면 향후 인력 부족은 물론 글로벌 경쟁력이 뒤처질 가능성을 배제할 수 없다.

글로벌 인재청은 인재 발굴부터 고용 연계, 비자 발급, 정주 유도 등을 총괄하는 컨트롤타워 역할을 맡게 된다. 국가가 내·외국인의 이출입을 관리해

인구 이동의 양과 질을 통제할 수 있어야 하는데 지금 한국은 출입국 관리, 체류 관리, 국적 관리, 사회 통합 등이 여러 부처에 산재돼 있어 일관성 있게 관리하는 체계가 부족한 상황이다. '올인원패스'를 도입해 고소득 외국인과 동반 가족의 장기 거주를 지원하고 동반 가족의 구직활동을 허용하는 방안을 모색해볼 필요가 있다. 인재청을 아시아 헤드쿼터가 집결하는 부울경에 설립하는 것도 방법이다.

고급 인재를 유치하기 위해 한국도 고용추천서, 브레인풀제도 등을 운영하고 있지만 주요국들과 비교할 때 개선할 필요가 있다. 한국은 2000년대부터 본격적으로 전문 외국 인력을 고용하기 위한 비자지원사업을 추진했다. 2000년에는 해외 우수 기술 인재를 고용하고

글로벌 인재청 신설해 고급 인재 유치 총력

인재 발굴부터 비자 발급까지 원스톱 센터

인재 발굴　　　　　　　　　　올인원패스 발급

고용 연계

• 올인원패스: 고소득 외국인과 동반 가족의 장기 거주 지원
　　　　　　　동반 가족의 구직활동 허용
• 아시아 헤드쿼터 집결하는 부울경이 적소

자 하는 공·사기관에 산업통상자원부가 고용추천서를 제공해 출입국 관리상의 혜택을 제공하는 골드카드(Gold Card) 제도를 도입했다. 2001년에는 대학, 연구기관, 기업부설연구소 등에서 고용할 예정인 우수 해외 인력의 비자 취득 과정에서 정부가 추천서를 제공하는 사이언스카드(Science Card) 제도를 시행했다. 두 비자 모두 최대 5년 복수 비자 발급이 가능하지만 기본적으로 공·사기관에서 인재를 발굴해 오면 고용추천서를 통해 출입국상 특혜를 주는 수준으로 정부가 인재 발굴에 적극 나설 유인이 상대적으로 부족하다.

한국은 주요국과 비교할 때 고급 두뇌 유출로 인해 국가 경쟁력에 타격을 받고 있어 인재청 설립이 더욱 필요하다. 스위스 국제경영개발연구원(IMD)이 발표한 2022년 세계 인재보고서에 따르면 한국의 '두뇌유출지수'는 10 만점에 4.81로 나타났다. 고급 두뇌 유출이란 우수 인력이 외국으로 빠져나가거나 돌아오지 않는 현상을 말한다. 두뇌유출지수가 10이면 모든 인재가 자기 나라에 남아 있으려 하는 것이고 1이면 다 떠나려고 하는 것을 뜻한다. 지수가 높을수록 두뇌 유출이 국가 경제에 영향이 없거나 작다는 것을 의미한다. 한국은 교육 자원을 투입해 키운 인재 10명 중 절반 가까이가 남의 나라를 위해 일하려고 떠나는 것이다. 순위로는 한국이 조사 대상 63개국 가운데 33위로 중하위권이었다. 덴마크가 고급 두뇌 유출에도 국가 경쟁력 타격이 가장 작은 것으로 나타났고 미국이 7위, 싱가포르가 8위를 차지했다.

IMD의 주요국 해외 고급숙련인력 유인지수는 더 처참했다. 고급숙련인력 유인도가 높을수록 10에 가까워지는데, 한국은 4.15로 63개국 중 49위를 기록해 하위권에 머물렀다. 63개국 평균인 5.28에도 미치지 못하는 성적이다. 한국무역협회는 2024년 1월 발간한 '글로벌 산업 경쟁력 강화를 위한 해외 인력 활용 방안' 보고서에서 "한국은 고급 두뇌 유출로 국가 경쟁력에 타격을 받고 있으며, 해외 고급 인재 유입 측면에서도 우리나라 기업 환경은 상대적으로 매력도가 낮은 것으로 조사됐다"고 지적했다.

고급 인재를 유치하기 위해서는 독일, 중국, 싱가포르 등의 제도를 벤치마킹할 필요가 있다. 한국무역협회에 따르

주요국 고급두뇌유출지수(2022년)

순위	국가	지수
1	덴마크	7.95
7	미국	6.97
8	싱가포르	6.86
33	대한민국	4.81
34	중국	4.78
43	일본	4.13
-	63개국 평균	4.78

주: '고급 두뇌 유출이 국가 경제의 경쟁력을 저해하지 않는다'는 문항에 대해 0~10 척도로 응답, 고급 두뇌 유출이 국가 경쟁력에 문제가 되지 않을 경우 10

주요국 해외 고급숙련인력 유인지수(2022년)

순위	국가	지수
1	스위스	8.97
5	싱가포르	7.61
6	미국	7.6
35	중국	5.35
49	대한민국	4.15
54	일본	3.64
-	63개국 평균	5.28

주: '국가 기업 환경이 해외 고급숙련인력에 매력적이다'는 문항에 대해 0~10 척도로 응답, 고급숙련인력 유인도가 높을 경우 10

자료: 한국무역협회·IMD World Competitiveness Yearbook (2022)

면 독일은 2023년 EU 블루카드 발급 기준을 완화해 최소 연봉 기준을 5만 8400유로(약 8400만원)에서 4만3800유로(약 6300만원)로 완화하고 정보기술(IT) 업계 전문 경력자의 경우에는 별도 학위 요건을 폐지했다. 중국은 노벨상 수상자, 세계 명문대 출신 박사후 연구원, 베이징 근로자 연평균 임금의 6배 이상을 받는 외국인 등을 대상으로 최장 10년까지 유효하며 하루 만에 발급되는 해외 인재비자제도를 2018년에 도입했다. 싱가포르는 2023년 해외 네트워크 전문지식 비자인 ONE 패스(Overseas Networks & Expertise Pass)를 신규로 도입했다. 해외 고급 인재를 유치하기 위해 비자 발급 편의성을 높이고 되도록 오래 머물 수 있도록 유도하는 것이다.

"한국 매력 활용해
재외동포·외국인 끌어당기는 마그넷 돼야"

파이잘 빈 야히아

싱가포르국립대학교 정책연구소(IPS) 교수
(Senior Research Fellow)

파이잘 빈 야히아 교수   사진: 싱가포르 권한울 기자

싱가포르는 1980년대부터 저출산·고령화에 대응하기 위해 이민 정책을 적극 활용한 나라다. 출산율 증가가 쉽지 않다는 사실을 인지하고 개방적인 이민 정책으로 인구 감소 위기에 적극적으로 대응한 결과, 노동인구의 30% 이상이 외국인으로 구성돼 있다. 그중에서도 고부가가치 산업에 종사할 외국인 고급 인력에게는 영주권을 발급해 정주를 유도하고, 단순노무직은 기간제로만 활용해 정주를 철저히 차단하고 있다.

인적자원 등을 연구한 파이잘 빈 야히아(Faizal Bin Yahya) 싱가포르국립대학교 정책연구소(IPS) 교수를 만나 싱가포르의 이민 정책 도입 및 성과와 한국 사회에 주는 제언 등을 들었다.

싱가포르 취업비자 발급 건수

단위 : 건

비자 종류	2019년 12월	2020년 12월	2021년 12월	2022년 12월
EP (Employment Pass)	193,700	177,100	161,700	187,300
SP (S Pass)	200,000	174,000	161,800	177,900
WP (Work Permit)	999,000	848,200	849,700	1,033,500
전체 취업비자 발급 건수	1,427,400	1,231,500	1,200,400	1,424,200

자료:코트라·싱가포르 노동청

인적자원은 생산성과 관련이 있다. 인구 감소 시대에 이민이 필요할까. 인적자원 관점에서 설명해달라.

▷우리는 출산을 통해 현재의 인구 수준을 유지할 수 없다. 현재 수준이 유지되려면 합계출산율이 2명이 돼야 하는데 현실적으로 어렵다. 그래서 국내 노동력을 보충하기 위해 외국의 인적 자본을 들여와야 한다. 싱가포르는 이민자들이 노동력을 제공하고 있기 때문에 경제성장률을 유지하고 있다고 생각한다.

싱가포르의 개방적인 이민 정책이 인구 증가에 긍정적인 효과를 주었나.

▷그렇다. 이민 정책을 경제 성장과 구체적으로 연결시키는 데이터는 없는 것으로 안다. 다만 경제성장률과 취업비자 발급 건수를 보면 도움이 될 수 있다. 이민 정책은 싱가포르의 노동력을 늘리는 데 기여했고, 싱가포르인들이 선호하지 않는 저임금 노동뿐 아니라 고숙련 노동을 포괄하는 기술과 역량을 제공했다.

싱가포르는 고급 인력은 정주하도록 하고, 단순노무직의 정주는 철저히 차단하는 '투트랙' 제도를 도입한 것으로 이해된다. 처음부터 위 제도를 도입한 것인가 아니면 이민 정책을 펼치는 가운데 부정적인 현상들을 통해 뒤늦게 단순노무직의 정주를 차단하는 방향으로 바꾼 것인가.

▷투트랙은 아니다. 싱가포르에는 다양한 비자가 있다. 싱가포르의 외국인 인적자본 정책은 다양한 경제 부문의 요구에 부응하기 위해 만들어졌다. 현지 인적자본이 충분하지 않은 고숙련 분야, 예를 들어 기술산업, 사이버보안 등에서는 고급 인재를 채용하고 있다. 숙련도가 낮다고 할 수는 없지만 제조업이나 건설업, 해양업 등 다른 분야에도 인력이 충분하지 않다. 그래서 정부에서 제공하는 취업 허가증의 유형이 카테고리에 따라 다르고, 다양한 취업 비자가 있는 것이다.

알다시피 싱가포르는 다민족국가다. 중국계 75~77%, 말레이시아계 13~14%, 인도계 및 기타 6~8% 등으로 구성돼 있어 인구의 다양성 측면에서 매우 혼합돼 있다. 일반적으로 인종 할당량을 유지하려고 노력하고 있다.

싱가포르의 적정 인구는 몇 명이라고 생각하나.

▷정부가 과거에 600만~1000만명이라고 언급한 적이 있다.

이민 사회로 인한 갈등을 해결하기 위해 어떤 노력을 하나.

▷싱가포르에 사는 중국인과 대만 등에서 유입되는 중국인은 사고방식이 다르다. 인종과 종교가 다르다는 것을 이해하기 때문에 기초부터 화합하는 게 중요하다. 이 때문에 '그래스루츠(grass roots) 리더'가 이민자들이 싱가포르 생활에 적응할 수 있도록 주민센터나 현지 커뮤니티에서 안내하고 네트워킹할 수 있도록 돕는다. 싱가포르는 기본적으로 이웃에 대해 포용적인 관점을 가지고 있다. 일자리 측면에서는 외국인 몇 명을 고용할 때 싱가포르인 1명을 고용하도록 규정하고 있다.

한국 사회에 이민과 관련해 제언을 한다면.

▷싱가포르는 다민족국가고 한국은 단일민족국가라 조언이 정확하지 않을 수 있겠지만, 국가 이익을 위해서는 단일민족국가도 진화해야 한다고 생각한다. 해외에서 일하는 사람이 유입될 수 있는 장려책이 필요하고 국제결혼하는 사람이 한국에서 살 수 있게 하는 것도 인구수를 유지하는 데 도움이 될 것이라고 본다.

삼성, 현대 등 한국 기업들은 해외에 다국적 기업으로 설립돼 운영되는데, 이들 기업이 어떻게 유지되는지 살펴보면 다국적국가를 만드는 데 도움이 될 것이다.

한국은 강한 소프트 파워를 가지고 있다. K팝과 K드라마도 유명하다. 이런 매력 포인트를 활용하면 좋다. 살기 위해서는 일단 한 번이라도 가봐야 하니까 매력이 있다는 것은 중요한 포인트다. 영어를 상용어로 만드는 것도 필요하다. 한국은 서울을 벗어나면 영어 표지판이 없다. 한국에 정착하는 데 어려움이 없도록 영어를 상용화하는 것도 검토해볼 만하다.

마지막으로 하고 싶은 말이 있다면 무엇인가.

▷인구 문제와 관련해 사람들은 숫자에 민감하지만 실제 인구 문제는 사람에 관한 것이다. 버튼을 누른다고 나오지 않는다.

'코리안 디아스포라(외국에 나가 살고 있는 한민족을 가리키는 용어로 재외동포를 일컬음)'에게 집과 일자리 등을 줄 테니 한국으로 돌아오라고 하는 것은 어떨까. 삼성이나 현대와 같은 회사에서 일하는 사람들이 한국 본사에서 일하고 싶을 수도 있을 것이다. 한국 회사에서 일을 해봤기 때문에 한국에서 살고 싶다는 '게이트웨이'가 될 수도 있

을 것 같다. 출생률을 높이는 것 못지않게 인구 문제를 해결할 수 있다. 한국이 자석이 되어 그들을 돌아오게 하라.

만개의 스타트업이
인구문제 해결한다

스타트업이 인구위기 돌파의
퍼스트 무버

스타트업은 기본적으로 고객의 문제를 찾고 이를 해결할 제품(서비스)을 빠르게 시장에 선보이며 사회를 혁신하는 업이다. 이때 문제는 '특정한 욕망이 충족되지 않은 상태'로 볼 수 있다. 그렇다면 솔루션은 곧 그 욕망을 채워주는 제품이나 서비스가 된다. 개개인이 가진 욕구를 만족시킬 때 사회문제를 해결할 열쇠도 함께 발견할 수 있는 이유다.

대표적 사례가 전기차 대중화에 결정적 역할을 한 테슬라다. 기후위기에 대응하기 위해 전 세계가 매연 저감에 안간힘을 쓰기 시작했다. 전기차가 친환

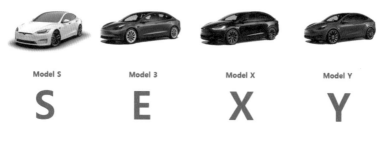

테슬라의 '모델 S·3·X·Y'.   자료: 블루포인트파트너스

경차로 각광받았지만 정작 테슬라는 '친환경'을 전면에 내세우지 않았다. 그 대신 테슬라는 '제로백(정지 상태에서 시속 100㎞까지 도달하는 데 걸리는 시간) 2초대'의 고급 스포츠카 콘셉트를 선보여 폭발적인 반응을 끌어냈다. 이후 전 세계 스타트업은 물론 주요 완성차 업체까지 전기차 산업에 뛰어들어 자동차 시장의 판도가 완전히 뒤바뀌었다.

인구 문제도 마찬가지다. 저출산은 거대하고 복잡한 사회 담론이면서 동시에 개별 (예비) 부모들의 욕구가 해소되지 않은 결과물이기도 하다. 아이도 잘 키우고 일도 잘하고 싶지만 따라주지 않는 상태다. 그렇기에 정책도 중요하지만 한편으론 각 부모의 상황에 맞는 서비스가 이를 보완해줄 때 문제를 온전히 풀 수 있다. 문제의 크기가 곧 시장의 크기라면, 인구 문제는 스타트업에 위기가 아닌 가장 큰 기회인 셈이 된다. 한국 사회가 풀어야 할 가장 시급한 현안이기 때문이다.

스타트업의 무기는 대기업이 가지지 못한 '뾰족함'과 '신속함'이다.

과거 모 유제품 대기업이 성인용 분유를 뼈에 좋은 건강식품으로 브랜딩해 야심 차게 선보인 적이 있었다. 저출산으로 기존 분유 시장이 쪼그라드는 상황에서 내놓은 일종의 돌파구적 상품이었다. 하지만 생소한 이미지로 건강기능식품 시장에 안착하지 못했고 결국 판매를 종료해야 했다. 업계에서는 "개개인의 니즈를 맞추기보다 보편적인 시장에 대응하는 대기업의 마케팅 전략이 상품성 부족으로 이어졌다"는 평가가 나왔다.

반면 스타트업은 시장 전체를 단번에 사로잡으려 하지 않는다. 그 대신 시장에 존재하는 다양한 니즈 가운데 각자의 한정된 자원으로 공략할 수 있는 작은 영역에 누구보다 빠르게 침투해 전력을 다한다. 고객의 반응을 즉각적으로 살펴나간 끝에 가능성을 검증해낸다.

인구 문제를 두고 어느 나라도 해결하지 못한 난제라고 한다. 더욱이 한국의 0.7명대 합계출산율은 전 세계에서 유례를 찾기 어려운 수치다. 누구도 가보지 않은 길이기에 지치지 않고 새로운 아이디어를 시도할 혁신가가 필요하다. 스타트업이 그 '정찰대' 혹은 '선발대'가 될 수 있다.

유망한 스타트업을 발굴하고 키워내는

액셀러레이터 블루포인트파트너스는 국내 투자사(VC) 가운데 인구 문제에 '진심'인 곳 중 하나다. 그 수장인 이용관 대표는 이렇게 말한다. "스타트업 몇 곳으로 인구 문제를 해결할 순 없다. 하지만 기업가 관점에서 사람들이 당면한 문제를 제대로 정의하고 뾰족한 해답을 제시하는 스타트업이 1만개 이상 생기면 해결의 실마리를 찾을 수 있다."

실제로 블루포인트파트너스는 지난해 경북 영주시에서 이를 입증해냈다. 영주시는 지난 10년간 인구의 7.8%가 감소하며 대표적인 '소멸위기지역'으로 떠오른 곳이다. 이곳에서 블루포인트파트너스는 문화체육관광부·한국관광공사와 손잡고 지역 활성화를 위한 '베터리(better里)' 프로젝트를 진행했다.

영주시는 가을 단풍으로 유명한 부석사가 있고 사과, 한우, 인삼을 비롯한 먹거리도 가득한 도시다. 서울 청량리역에서 KTX를 타고 1시간40분이면 갈 수 있어 수도권과 접근성이 좋다. 하지만 숙박시설이 부족해 관광 자원이 빛을 발하지 못하고 있었다. 이에 블루포인트파트너스는 부족한 인프라스트럭처와 즐길 거리를 확실하게 채워줄 스타트업 8곳을 선발했다.

숙박 부문에서 선발된 기업은 유휴용지를 활용해 새로운 숙박 경험을 만들어냈다. 친환경 모듈러 공간을 만드는 스페이스웨이비는 영주호 오토캠핑장 안에 2개 모듈러 호텔을 설치했다. 빈집을 고쳐 일주일 살기가 가능한 집으로 바꾸는 블랭크코퍼레이션은 작은 마을에 2년간 방치된 집을 유휴하우스로 탈바꿈시켰다. 한 달 살기 플랫폼 리브애니웨어는 영주 내 머물 수 있는 숙소를 발굴해 1곳뿐이던 가용 숙박시설을 30곳으로 늘렸다. 세컨드하우스 플랫폼 클리는 4가지 세컨드하우스 프로토타입을 개발했다.

액티비티 관련 스타트업은 지역 관광 콘텐츠를 한층 풍부하게 만들었다. 백패커스플래닛은 영주 내 캠핑 장소를 발견하고 트레킹 프로그램을 만들었다. 알앤원은 소백산 3봉 코스를 개발해 젊은 트레킹족을 유입시켰다. 리플레이스는 영주 내 K문화 테마파크 '선비세상'을 할머니 집 콘셉트로 꾸미고 팝업스토어를 운영했다. 모빌리티 플랫폼 로이쿠는 영주 내 15개 관광택시에 시스템을 이식해 이동 편의성을 개선했다.

사업은 성공적이었다. 홍윤택 스페이스웨이비 대표는 "1박에 20만원 내외인

스페이스웨이비가 영주호 오토캠핑장에 설치한 모듈형 호텔.　　　　　　　사진:스페이스웨이비

데도 주말 예약이 빠르게 마감됐다"며 "가성비보다 좋은 퀄리티에 대한 니즈를 발견했다"고 전했다. 문승규 블랭크 코퍼레이션 대표는 "처음에는 빈집을 구하기 어려웠지만 유휴하우스가 완성된 모습을 보고는 지역에서 무상으로 공간을 빌려준다는 제안이 들어온다"고 말했다.

Pop-Up 스타트업 100

매일경제 국민보고대회팀은 블루포인트파트너스와 함께 인구 문제 해결에 '퍼스트 무버'가 될 수 있는 잠재력을 지닌 유망 스타트업 100곳을 선발했다. 이른바 '팝업 스타트업 100(Pop-Up StartUp 100)' 프로젝트다. Pop-Up에는 인구(Population)를 반등(Up)시킨다는 의미를 담았다.

우선 인구 문제를 크게 연령과 지역 구조 차원으로 나눴다. 연령 구조 문제는 간단히 말해 생산가능인구가 꾸준히 줄어드는 데 비해 노령인구가 크게 느는 현상, 즉 사회 고령화를 가리킨다. 엄마 배 속부터 요람, 무덤에 이르기까지 생애 단계별로 마주하게 되는 어려움을 세부 분위로 분류했다.

지역 구조 문제는 수도권 인구 쏠림이

MK-BP Pop-Up StartUp 100

구조	세부구조	구분	업체	개요
연령	태아	난임	삼신	여성 난소 나이 자가검사키트
			카이헬스	인공지능(AI) 기반 배아 분석 솔루션
			인트인	남성 정자 분석기 '오뷰'
			그리니쉬	정자 운동성 및 생존율 향상 윤활제
			씽즈	난임 관리 앱 '투게더'
	영유아	육아/보육	아우스팟	콘텐츠·IT 기반 구독형 초등 저학년 돌봄 공간
			째깍악어	아이 놀이·배움 교사 매칭 서비스
			자란다	유아동 교육·돌봄 매칭 플랫폼
			제제미미	육아 성장기록 플랫폼 '쑥쑥찰칵'
			다이노즈	동네 기반 O2O 육아 커뮤니티 '육아크루'
			빌리지베이비	임신·육아 정보 콘텐츠 앱 '베이비빌리'
			휴브리스	안전한 베이비시터 매칭 플랫폼 '돌봄플러스'
			맘편한세상	풀타임 입주 돌봄 하이시터 매칭
			키즈노트	영유아 교육기관 커뮤니케이션 플랫폼
			키즈페이	영유아 교육 콘텐츠 소싱·개발
			트루밸류	청소년 대상 커리어 관리 플랫폼 '드림어필'
	청장년	인력 부족	디플에이치알	생산·기능직 전문 채용 플랫폼 '고초대졸닷컴'
			로보아르테	AI 기반 튀김(치킨) 로봇 자동화 시스템
			에니아이	AI 기반 햄버거 패티 조리 로봇 제조
			인터엑스	제조 AI·자율공장 구축 솔루션
			무스마	중소현장 특화 안전관리 플랫폼
			스패너	건설 로보틱스 활용 현장 자동화 솔루션
			키우소	목장 기록 기반 축산 플랫폼
			한국축산데이터	가축 헬스케어 솔루션 '팜스플랜'
			바르카	농산물 생산 예측 솔루션
			해처리	농산물 생산량·가격 예측·유통 플랫폼
			모두의플래닛	농산물 생산자-위탁판매자 매칭·운영 자동화 플랫폼 '위탁톡'
	시니어	재고용	써드에이지	시니어 전문가 매칭 플랫폼 '프로 커넥트'
			에버영코리아	시니어 고용 기반 IT 솔루션
			내이루리	시니어 기반 정기배송 서비스 '옹고잉'
		생활/여가	더뉴그레이	시니어 메이크오버·패션 컨설팅 기반 콘텐츠 커머스
			로쉬코리아	5060 라이프스타일 플랫폼 '오뷰'
			시놀	시니어 데이팅 앱 '시놀'
			포페런츠	시니어 대상 여행·컨시어지 서비스
			후케어스코리아	시니어 대상 방문PT 서비스
			비바라비다	시니어 대상 취미 기반 모임 플랫폼 '오이'
			지냄	시니어 웰에이징 센터 '고요 웰니스'
		예방의학	미스터마인드	AI 기반 우울증·치매 예방 말동무 인형
			정션메드	시니어 맞춤 건강 관리 모니터링 서비스
			삶의질연구소	가족대화 기반 개인 맞춤형 콘텐츠 큐레이션 서비스
			데카르트	시니어 치매 예방 등 뇌 건강관리 프로그램
			리브라이블리	시니어 근골격계·만성질환 운동·영양 치료 서비스 '노리케어'
			하이	디지털 치매·근감소증 치료제
			토끼와두꺼비	시니어들을 위한 일상 맞춤형 비서 서비스 '똑비'
			실비아헬스	시니어 치매예방 헬스케어 솔루션 '실비아'
		요양	케어링	방문요양·주간보호 등 돌봄 매칭 서비스
			그레이스케일	노인 대상 복지용구 전용 이커머스 플랫폼
			한국시니어연구소	국내 요양기관 대상 소프트웨어
			케어닥	공공 데이터 기반 요양시설 안내 서비스

대분류	중분류	소분류	기업	서비스
			티에이치케이컴퍼니	시니어 대상 요양기관 플랫폼 '이로움'
			유니메오	간병인 매칭 O2O 플랫폼 '좋은케어'
			케어네이션	간병인 매칭 플랫폼
			코드블라썸	병원 간병비 결제·정산 서비스
			보살핌	노인 대상 방문 요양 서비스 운영
	웰다잉		고이장례연구소	상조 비교 서비스
			비아이컴퍼니	모바일 부고·장례식장 예약 서비스 '추모'
지역	인프라	주거	리브애니웨어	한 달 살기 숙소 매칭 플랫폼
			클리	공유 세컨드 하우스 플랫폼
			스테이빌리티	리모델링 기술 기반 공유 별장 서비스
			스트리밍하우스	워케이션 플랫폼 '더휴일'
			트래블메이커스	호텔 롱스테이 플랫폼 '호텔에삶'
			미스터멘션	중장기 숙박 예약 서비스
			프라우들리	한옥스테이 브랜드 '버틀러리'
			스페이스웨이비	모듈러 건축 방식의 타이니 하우스 제조
			베드라디오	제주 기반 로컬 커뮤니티 호스텔 시공·운영
		교통	로이쿠	지역 택시 기반 여행 모빌리티 서비스
			스프링클라우드	자율주행 솔루션
	콘텐츠	로컬 크리에이터	자갈치오지매	부산 자갈치시장의 건어물로 만든 간식 판매
			백패커스플래닛	경북 영주 기반 친환경 로컬 캠핑 플랫폼
			므므흐스	경북 칠곡 왜관 '수제버거'
			라이온서피비치리조트	강원 양양 '서피비치' 운영
			퍼즐랩	공주 청년마을 '자유도' 통한 원도심 마을경험 설계
			데스커	강원 양양 워케이션 공간 운영
		도시재생	블랭크코퍼레이션	빈집 큐레이션 플랫폼 '유휴'
			윙윙	대전 기반 도시재생 프로젝트 진행
			RTBP 얼라이언스	'돌아와요 부산항에' 등 도시재생 프로젝트 운영
			헤테로토피아	남해 돌창고 등 지역 유휴공간 재생
			팜프라	귀농 귀촌 경험 제공 서비스
			다자요	빈집 재생 프로젝트
			리플레이스	문경 등 소멸위기 지역재생
			어반플레이	콘텐츠 기반 로컬 공간 재생·운영
외국인		교육	어플라이코리아	한국 유학 희망 해외 학생 대상 온라인 멘토링
			이브릿지월드	한국어 학습·실시간 화상 튜터링 서비스 '얄리얄리'
			트이다	음성인식·동영상 기반 한국어 회화 학습 서비스
			케이토픽	세계 최대 온라인 한국어학당
			스크램블러	외국인을 위한 1:1 한국어 학습 메타버스 플랫폼 '우주'
			미리내테크놀로지스	머신러닝 기반 한국어 교육 서비스 '미리내'
			아이디자인랩	외국인 한국어 학습자를 위한 TOPIK 특화 앱 '펀픽'
			에그번에듀케이션	한국어 공부 챗봇 서비스 '에그번'
		주거	엔코위더스	외국인 대상 한 달 살기 중개 서비스
			스테이포틴	외국인 대상 하우징 플랫폼
			스테이즈	외국인 대상 주거공간 임대차 플랫폼
		구직/행정	코워크위더스	비자 연계·외국인 구인구직 플랫폼
			코라이프	국내 거주 외국인 채용 플랫폼
			하이어다이버시티	국내 거주 외국인 구인구직·행정 지원
			케이비자	외국인 대상 비자 발급, 갱신 등 법률 서비스
		금융	센트비	외국인 대상 글로벌 해외 송금 서비스
			한패스	외국인 대상 간편 해외 송금 서비스
			크로스이엔에프	해외 송금 서비스 '크로스'
		의료	유메디	국내 거주 외국인 병원 이용 지원 플랫폼

극심해지면서 지역 소멸이 가속화하는 현상에 해당한다. 세부 분위로는 지역 인구 유출을 부추기는 부족한 인프라스트럭처와 콘텐츠를 선정했다.

마지막으로 연령과 지역 구조 차원에 더해 대분류로 외국인을 추가했다. 고령화와 수도권 인구 집중을 보완할 해결책으로 이민 활성화가 고려되는 상황에서 외국인이 한국에서 거주하고자 할 때 마주하는 각종 난관을 세부 분위로 정했다.

1. 연령

저출산 시대라지만 정작 아이를 낳고 싶어도 낳지 못하는 이들이 있다. 바로 난임 부부다. 전 세계적으로 부부 6쌍 중 1쌍이 난임으로 고통받고 있으며 한국의 신생아 10명 중 1명은 난임 치료로 태어나는 것으로 알려져 있다. 특히 최근 들어 결혼·출산 연령이 늦어지면서 난임은 더욱 심각한 사회문제로 대두되고 있다. 하지만 난임 치료는 비용이 높고 성공률이 낮아 예비 부모들에게 부담이 된다.

현직 의사 3명이 2023년 창업한 신생 스타트업 삼신은 난자를 냉동하기 전 난자 건강을 확인하는 난소 나이(AMH) 검사 키트를 개발했다. 손가락 끝에 맺히는 피 몇 방울을 키트에 떨어뜨리면 검사가 진행된다. 삼신에 따르면 키트를 사용할 경우 병원 검사에 필요한 채혈량을 90% 이상 줄일 수 있다. 검사 정확도 역시 기존 병원 검사의 95% 수준이며 검사 이후에는 국내 15곳의 난임 전문병원으로 안내한다.

난임 전문 산부인과 의사 출신이 설립한 카이헬스는 인공지능(AI) 기술로 출생 확률이 가장 높은 배아를 선별할 수 있는 솔루션을 제공한다. 현재 의료 현장에서는 배아를 세포 분열 속도와 모양을 기준으로 상중하 등급으로 나누고 있다. 최대한 좋은 배아를 골라서 시술해야 임신 확률이 높아지기 때문이다. 이때 배아를 가려내는 과정을 육안이 아닌 AI 알고리즘으로 진행하는 솔루션이다.

난자가 아닌 정자에 집중한 솔루션도 있다. 남성이 난임 진단을 위해 병원에 가면 정자 테스트부터 진행하게 된다. 하지만 남성들은 이 같은 진단을 수치스럽게 여겨 병원 가기를 주저한다. 인트인은 집에서 정자 활동을 스스로 분석해볼 수 있는 진단기기 '오뷰'를 개발

삼신이 개발한 난소 나이 자가검사 키트.　　　　　　　사진:삼신

했다. 작은 원통 기기에 정자를 떨어뜨리면 전용 모바일 애플리케이션(앱)에서 AI가 정자 움직임을 분석해준다. 이번 CES 2024에서 '인간 안보' 부문 혁신상을 수상했다. 또 다른 스타트업 그리니쉬는 정자 움직임을 활발하게 해주는 윤활제를 개발했다.

부모의 영유아 자녀 돌봄을 돕는 서비스도 다양하게 등장했다. 블루포인트파트너스가 직접 설립한 아워스팟은 부모가 만 7~9세 자녀를 잠깐씩 맡길 수 있는 '어린이 아지트'다. 이 연령대 아이는 초등학교 하교 시간이 유치원·어린이집 하원 시간보다 빨라 돌봄 공백이 발생하기 쉽지만 '돌봄 교사' 손에 맡기거나 '학원 뺑뺑이'를 돌리기엔 비용이 부담된다는 부모들의 페인포인트

를 공략했다.

'아지트'로 표현한 이유는 단순 놀이방도, 학원도 아니기 때문이다. 서울 마포구 아파트 단지 한가운데 자리한 25평 남짓 아워스팟 공간에는 아이들이 맘껏 창의적으로 다룰 수 있는 종이, 솜방울, 구슬, 고무줄과 같은 100여 가지 재료와 각종 도서가 꽉 들어차 있다. 월 4만9000원 정도에 오후 1시부터 7시까지 일 최대 2시간씩 무제한 시설을 이용할 수 있어 비용도 합리적이라는 평가다.

째깍악어는 만 1세부터 초등학생까지 아동을 돌봐줄 보육교사를 매칭해주는 돌봄 플랫폼이다. 매칭 선생님을 미리 파악할 수 있도록 선생님의 '자기소개 동영상'을 업로드하는 점이 특징이다.

서울 마포구 아워스팟 1호점 전경.

사진: 한주형 매일경제 기자

동영상이 면접을 대신하는 효과가 있어 부모들의 신뢰를 높였다. '악어쌤'으로 불리는 보육교사들은 국가공인 자격증을 보유한 보육교사나 유치원 정교사, 방과후교실 교사를 비롯한 전문가와 육아 관련 전공 대학생으로 구성됐다. 또한 단순 돌봄을 넘어 아이의 성장 단계에 맞춰 학습, 놀이, 미술, 영어와 같은 다양한 콘텐츠를 제공한다.

여기에 째깍악어는 최근 방문 돌봄을 넘어 오프라인 돌봄 공간 '째깍섬 키즈센터' 사업도 시작했다. 주요 쇼핑몰과 병원, 신축 아파트 커뮤니티 시설 등에 입점해 있어 부모들은 째깍섬에 아이를 맡긴 뒤 여유롭게 쇼핑을 즐기거나 호텔에서 잠시 한숨을 돌릴 수 있다.

생산가능인구 감소에 대비한 디지털 전환(DX) 솔루션도 각광받고 있다. 주방 자동화 기업 에니아이는 요식업 디지털 전환 대표 주자다. 알바 구하기도 하늘의 별 따기가 된 가운데 에니아이는 1시간에 햄버거 패티 200개를 조리하는 로봇을 개발해 양산에 나섰다. 햄버거는 조리원이 혼자 패티를 굽고 다

주방 자동화 기업 에니아이가 개발한 패티 굽는 로봇 '알파그릴'.   사진: 에니아이

양한 재료를 손질하며 버거까지 조립해야 하는 '노동집약적' 식품으로 꼽힌다. 에니아이가 개발한 '알파그릴'은 일정한 온도와 두께로 1분 만에 패티 양면을 구워내는데, 고객사별로 레시피에 맞게 모듈 조합이 가능하다. 품질을 균일하게 유지하면서도 청결한 위생관리가 가능하다는 설명이다.

고질적인 인력난에 시달리는 생산·기능직 시장 내 미스매치 해결에 나선 업체도 있다. '고초대졸닷컴'을 운영하는 디플에이치알이다. 고초대졸닷컴은 구직자들의 취업 전 과정을 지원하고 스펙 데이터를 기반으로 합격 여부를 예측해준다. 또한 한국산업단지공단과 협업해 공장별 설비, 통근버스, 기숙사, 노동조합, 연봉을 비롯해 그동안 공시되지 않았던 정보를 안내한다. 4년제 대학 졸업자와 사무직 채용 중심이던 기존 채용 플랫폼과 달리 생산·기능직에 특화해 구직 과정의 비효율을 크게 줄였다는 평가다. 기업 역시 직무 적합성에 맞는 인재를 빠르게 채용할 수 있게 됐다.

근로자 한 명 한 명이 소중한 제조·건설 현장 내 안전관리 효율성을 끌어올린 스타트업도 있다. 무스마는 폐쇄회로(CC)TV와 각종 센서로 현장 책임자가 관리하기 어려운 사각지대까지 모니터링해 안전사고를 사전에 방지하는 솔루션 '엠카스(MCAS)'를 개발했다. 위험지역에서 일하는 근로자가 올바르게 작업하고 있는지 위치를 파악하고 가스나 화재에 얼마나 노출됐는지도 알 수 있다.

농촌 일손 부족이 대두되는 상황에서 낙농·농업 DX 솔루션도 속속 등장하고 있다. 대표적으로 키우소는 한우·젖소 농가의 목장 기록 관리를 스마트폰으로 지원하는 모바일 앱 서비스를 개발했다. 소의 번식·질병·백신·치료·판매 정보를 기록하고 다양한 알람 기능을 만들 수 있다.

바르카는 AI와 인공위성을 기반으로 단위면적당 농업 생산량을 예측하는 기술을 보유한 굴지의 스타트업이다. 2023년 미국 옥수수·대두 생산량을 오차범위 4% 이내에서 맞히며 세계 최고 수준의 기술력을 입증했다. 농산물을 70% 이상 수입하는 한국이 기후변화, 전쟁 등으로 수시로 발생하는 식량 공급 위기에 효과적으로 대응할 방법으로 평가받는다.

해처리는 데이터를 기반으로 작물별 생산량과 가격을 예측하고 생산자에게서 농작물을 매입한 다음 판매까지 진행하는 스타트업이다. 농산물 가격 등락이 극심한 가운데 한철 내내 농사지은 작물에 대해 농민이 제값을 받지 못하는 일이 빈번한 상황에서 선도거래 시장 개선을 통해 농가 소득 안정화에 기여한다는 목표다.

수명이 갈수록 늘어나는 상황에서 건강하고 활기찬 노후를 지원하려는 스타트업도 크게 늘고 있다. 통계청에 따르면 나 홀로 사는 60세 이상 가구는 2018년 193만명에서 2045년 467만명으로 2배 이상 늘어날 것으로 전망된다. 경제협력개발기구(OECD)에 따르면 한국은 사회적 고립과 외로움 위험이 높은 나라로 지목되고 있으며 특히 60세 이상 계층이 가장 취약한 것으로 나타났다.

내이루리는 시니어 고용 기반의 사륜차량 정기배송 서비스 '옹고잉'을 운영하고 있다. 도시락이나 샐러드, 세탁물을 포함해 정기배송이 필요한 고객사에 저렴한 비용으로 배송 서비스를 제공한다. 대다수 시니어 근로자가 운전에 큰 어려움이 없고 매번 동일한 시간과 장소에 물품을 배달하다 보니 업무 난도가 높지 않다는 평가를 받는다. '프로'로 불리는 시니어 배송원들은 하루에 최소 3시간 이상씩 일하며 소득을 올리는데 사회적 효능감을 높일 수 있어 만족도가 높다.

더뉴그레이는 '액티브 시니어'에게 메이크오버 서비스를 제공하고 인플루언서를 양성하고 있다. 평일에는 출근복, 휴일에는 등산복만 입는 아버지들도 더뉴그레이를 만나면 스트리트 패션 잡지 속 멋진 '힙스터'가 된다. 현재까지 뉴발란스, BMW, 카카오를 비롯한 유수 브랜드와 함께 메이크오버 프로젝트를 진행했다. 이들이 자체 기획한 시니어 인플루언서 '아저씨즈'는 틱톡에서 누적 조회 수 1억회를 넘기며 '셀럽'으로 떠올랐다. 더뉴그레이는 2023년 11월 고령화 문제가 심각한 일본에도 법인을 세워 해외 진출까지 타진하고 있다.

로쉬코리아는 50·60대 시니어를 위한 취미·문화 커뮤니티 '오뉴하우스'를 만들었다. 온라인 앱과 오프라인 수업 공간을 기반으로 구매력 있는 '액티브 시니어'에게 참여형 체험·문화 콘텐츠를 제공한다. 서울 북촌 국립현대미술관 인근 지하 1층~지상 3층 규모의 오뉴하우스 복합문화공간에서는 오페라 음악 살롱, 스마트폰 촬영·방송댄스·

내이루리가 운영하는 시니어 정기배송 서비스 '옹고잉'.   사진: 내이루리

더뉴그레이와 뉴발란스가 진행한 협업 프로젝트.　　　　　　　　　　　　　　　　사진: 더뉴그레이

오카리나·디지털 드로잉을 비롯한 여러 강의, 책 출판·웰다잉과 같은 다양한 주제 워크숍이 진행되고 있다.

50·60대를 위한 소셜 앱 시놀(시니어 놀이터)은 여가, 취미 활동을 함께할 동네 친구를 만들고 이혼이나 사별 등을 겪은 중장년이 인생 2막의 반쪽을 찾도록 돕고 있다. 취미 활동 커뮤니티 '모임'과 이성 친구를 찾는 '단짝' 서비스를 통해서다. 모임장이 되면 '서울 둘레길 돌기'와 같은 오프라인 일정을 열 수 있다. 단짝은 위치 기반 매칭으로 신중년 세대의 빠른 관계 형성을 지원한다. 특히 여성이 안심하고 가입할 수 있도록 AI 기반 프로필 사진 인증, 키워드 필터링과 같은 다양한 장치를 도입했다.

노인 부모와 성인 자녀의 소통을 돕는 회사도 있다. 가족 문답 앱 '앤서록(Answerlog)'을 개발한 삶의질연구소다. 가족 간 소통을 촉진해 중장년층의 사회적 건강을 개선한다는 목표다. 앤서록은 부모와 자녀가 대화할 만한 소재 거리를 질문으로 제공한다. 긴 통화 대신 질문에 매일 간단히 답하며 서로의 관심사나 근황을 파악할 수 있다. 각자 답변을 데이터로 분석해 부모와 자녀가 함께 즐길 만한 콘텐츠를 추천해주기도 한다.

미스터마인드는 노인의 정신질환을 조기에 발견하는 AI 돌봄 로봇을 개발했다. 지금까지의 돌봄은 사회복지사나 요양보호사가 직접 어르신의 집을 방문해 진행해왔다. 하지만 이들이 24시간 365일 내내 어르신 곁에 지낼 수 없다 보니 생기는 돌봄 공백을 로봇이 보완하는 구조다. 회사가 개발한 로봇은 노인과의 음성 대화에서 위험 단어와 이상 징후를 포착한 다음 관련 정보를 지방자치단체와 수행기관에 전달한다. 최근 돌봄 로봇이 치매, 우울증, 자살 징후를 발견하는 사례가 늘어나 전국 지역 보건소와 치매안심센터에서 많이 도입하고 있다.

디지털 치료제 스타트업도 다양하다. 지구상 모든 노인이 가장 두려워하는 질병은 단연 치매다. 데카르트는 치매를 예방하는 뇌 건강관리 앱을 개발했다. 앱을 켜면 뇌 건강 자가진단을 진행하고 오늘 실천해야 할 목표 활동을 제시한다. 20개가 넘는 인지력 강화 게임, 영어 학습, 셀프 도수치료, 요가 · 필라테스와 같은 홈트레이닝, 명상 가이드, 인지력 · 우울 · 스트레스 자가진단, 심호흡 가이드를 포함해 다양한 프로그램을 매일 제공한다. 치매 검사는 받아보고 싶지만 병원에서 검사받기를 두려워하는 50 · 60대 여성 사이에서 인기를 얻고 있다.

하이는 마비말장애 디지털 치료제 '리피치'를 개발했다. 리피치는 환자 스스로 매일 체계적인 언어 재활을 할 수 있도록 훈련을 제공한다. 이 밖에 하이는 앱으로 경도인지장애를 자가진단하는 '알츠가드'도 개발했다. 알츠가드는 시선 추적, 음성, 인지 반응을 포함한 7가지 인지능력 검사로 초기 치매 환자를 찾아낸다. 치매가 의심되면 '알츠톡'으로 인지 강화 훈련을 진행할 수 있다. 인력 전반의 고령화와 개별 업체 영세화로 혁신이 지연됐던 돌봄 영역에서도 디지털 전환 바람이 불고 있다. 간병인 매칭 서비스 '케어닥'이 대표적이다. 생산가능인구 4명이 고령층 1명을 부양하는 구조로 접어든 만큼 간병인에 대한 수요는 꾸준히 늘고 있다. 케어닥은 외부에 잘 공개되지 않던 요양시설 내 의사 · 간호사, 병상 수와 같은 각종 정보를 제공하고 평점도 매길 수 있게 했다. 간병인의 평점과 과거 이력도 안내한다. 케어닥은 2023년 '케어홈' 요양시설 구축사업에도 진출했다.

한국시니어연구소는 요양보호사 업무 효율화 솔루션 '하이케어'를 서비스하고 있다. 건강보험공단 수가 청구를 위한 증빙서류나 요양보호사 출퇴근 스케줄, 어르신 건강 기록을 온라인으로 간편하게 관리할 수 있는 플랫폼이다. 24시간 간병인 매칭 플랫폼으로 출발한 케어네이션은 AI 기반 간병인 추천, 가사 돌봄, 간병비 자동결제 서비스 등을 선보였다. 2024년 방문 요양 온라인 매칭 서비스도 출시할 예정이다.

웰다잉 시장도 커지고 있다. 장래인구추계에 따르면 한국 사망자 수는 2070년까지 꾸준히 늘어 최대 75만명에 달할 것으로 예상된다. 핵가족과 1인 가구가 보편화하는 현대 사회에는 장례 절차를 잘 아는 경험자가 부족해지고 있다. 고이장례연구소는 빅데이터를 기반으로 각 유족 상황에 맞는 장례식장을 연결하는 맞춤형 장례 견적 서비스 '고이'를 내놨다. 고이는 장례 절차를 정리한 가이드북과 함께 장지 추천, 장례지도사 매칭까지 한 번에 제공한다.

비아이컴퍼니는 장례식장에 전사적자원관리(ERP) 시스템을 보급하는 한편, 빈소 운영을 간편하게 하는 모바일 부고장, 조의금 계좌 안내, 조문 답례 등 다양한 서비스를 지원하고 있다.

2 지역

소멸위기지역을 단기간에 살리는 데는 관광만 한 게 없다. 한국고용정보원에 따르면 2022년 3월 기준 전국 228개 지방자치단체 가운데 약 49.6%에 해당하는 113곳이 소멸위험지역이다. 고흥 유자, 장성 사과, 문경 오미자와 같은 상징적인 지역 특산품이 얼마 후면 사라지리라는 전망도 나온다.

리플레이스는 인구 7만명인 소도시 문경에서도 30가구 남짓이 전부인 작은 시골 마을을 관광객 10만명이 찾아오는 관광 명소로 탈바꿈시켰다. 회사는 문경시가 매입하고 보수·정비한 폐가를 임대해 문경 특산물을 활용한 다양한 메뉴를 파는 카페 '화수헌'을 만들었다. 리플레이스는 문경시 내 옛 막걸리 양조장이던 적산가옥 건물을 복합문화공간 '산양정행소'로 개발하고, 사진 스튜디오 '볕드는산'도 운영하고 있다.

제주 기반 스타트업 다자요는 농어촌의 방치된 빈집을 주인으로부터 무상 임대받아 고급 독채 숙소로 리모델링한 뒤 여행객에게 빌려주는 서비스를 운영하고 있다. 상생을 위해 매출의 1.5%는 마을에 기부하고, 재생된 빈집은 10년 임대 기간이 끝나면 원래 주인에게 돌려준다. 빈집 주인은 별다른 비용 없이 리모델링에 시설 관리까지 받을 수 있고, 이용자는 지역 특색에 맞는 숙박 경험을 누릴 수 있다. 특히 최근에는 ESG 경영의 일환으로 직원들을 위한 워케이션 장소로 정형화된 리조트나 호텔이 아닌 다자요를 선호하는 기업이 늘었다는 설명이다.

잘 키운 '로컬 크리에이터' 하나가 소멸위기지역 전체를 'SNS 핫플레이스'로 탈바꿈시키기도 한다. 서울시 공익활동지원센터에 따르면 로컬 크리에이터는 지역 자원, 문화, 커뮤니티를 연결해 새로운 가치를 창출하는 창의적인 소상공인을 일컫는다.

일례로 경북 칠곡군 왜관 읍내에서 차로도 10분 넘게 들어가야 나오는 작은 시골 마을 매원마을은 최근 몇 년 사이 8만명이 방문하는 명소가 됐다. 마을 입구에 수제 햄버거 가게 '므므흐스 부엉이버거'가 생기면서다. 므므흐스는 폐허로 버려진 마을 공장을 수제 햄버거 매장으로 개조했다. 경남 밀양의 흑

마늘 진액, 왜관읍 친환경 토마토를 비롯해 지역 농가에서 직접 조달한 건강한 식재료로 햄버거를 만든다. 고객 평균 재방문율이 30%를 넘어 마을 자체에 활기를 불어넣었다는 평가를 받는다. 최근에는 정부 지원을 받아 가족 고객의 버거 만들기 체험을 위한 공간을 마련하기도 했다.

외면받던 지역 방방곡곡을 '캠핑 명소'로 바꾸는 곳도 있다. 백패커스플래닛은 지역 유휴공간을 활용한 캠핑 사이트 공유 플랫폼이다. 지자체나 공공이 가진 곳은 물론 빈 땅이나 정원, 오래된 펜션의 빈 공간도 사용한다. 소비 역시 지역 내에서 할 수 있도록 유도한다. 코로나19 이후 캠핑족이 크게 늘었지만 국토 대부분이 사유지여서 지역 주민과 갈등이 빚어지는 경우가 많다는 문제의식에서 서비스가 출발했다.

단순 관광을 넘어 장기 체류를 지원하는 스타트업도 늘고 있다. 리브애니웨어는 풀옵션 숙소, 워케이션 숙소와 같이 한 달 살기에 적합한 숙소를 추천해준다. 2023년 기준 국내외 163개 도시에서 1만1000채가 넘는 숙소를 보유하고 있다. '반려동물과 함께하는 마당 있는 집' '테라스 일몰 맛집' '오션뷰'와

같은 키워드로 취향을 선택하고 그에 맞는 숙소를 찾을 수 있다. 주변 편의시설과 실생활 정보도 함께 안내한다. 장기 숙박 시장은 객단가가 높은 '깜깜이' 시장으로 악명이 높았다. 하지만 리브애니웨어는 직접 발품을 팔아 숙소를 모으고 전자 임대차계약 시스템을 도입해 실제로 체크인이 확인돼야 정산이 이뤄지도록 설계했다.

리브애니웨어에 따르면 한 달 살이를 즐기는 이용자는 프리랜서부터 주부, 은퇴자, 재택근무 직장인까지 다양하다. 비용 부담이 크다 보니 20대보다는 30·40대 비중이 높고, 최근 들어 50·60대 이용도 늘고 있다.

스페이스웨이비는 건설 인력 부족과 인건비 상승으로 해외에서는 수십 년 전부터 '대세'가 된 모듈러 건축을 국내에 이식하려는 스타트업이다. 모듈러 건축은 공장에서 주택의 각 부분을 미리 만들고 이를 레고처럼 조립해 공간을 구축하는 방식이다. 대표 상품인 '웨이비룸'은 전원주택, 세컨드하우스, 숙박시설 등으로 활용할 수 있다. 공장에서 공정의 80% 이상을 수행하기 때문에 날씨 같은 외부 환경의 영향을 받지 않으면서 토목공사를 동시에 진행할 수 있어 공사 기간이 평균 대비 20~50% 단축된다는 설명이다. 평단가가 600만원 전후로 현장 건축에 비해 15%가량 저렴하다. 향후 로봇을 활용한 자동화 공정으로 생산성을 더욱 끌어올린다는 목표다.

클리는 '오도이촌'(5일은 도시, 2일은 시골에서 생활)을 꿈꾸는 도시민들을 위해 충남 공주에 공동 세컨드하우스를 지었다. 빈집을 활용해 개인이 소유하기에 부담스러운 금액의 세컨드하우스를 분할 소유하게 하며 진입장벽을 낮췄다. 잡초 제거나 동파 방지처럼 단독주택에서 하기 어려운 유지보수, 이웃과의 의사소통도 전문가가 대신 맡아서 해준다.

인구가 감소하는 지역에서는 마땅한 교통수단도 점점 사라지고 있다. 자율주행 셔틀차량 운영사인 스프링클라우드는 레벨4(대부분 자율주행 모드지만 운전자 개입과 관제가 필요) 이상의 자율주행 모빌리티 서비스를 개발하고 있다. 회사는 판교에 연구소를 두고 자율주행 모빌리티 솔루션 체험시설 '멀티버스플래닛'을 여수에 열었다. 멀티버스플래닛에서는 대중교통은 물론 청소 차량도 운영하기 어려워질 소멸위

스페이스웨이비의 모듈러 건축.

사진: 스페이스웨이비

기지역을 위한 자율주행 청소차를 포함해 각종 자율주행 모빌리티 솔루션을 만나볼 수 있다.

3. 외국인

노동력 부족과 지방 소멸 문제를 해결하기 위해서는 단기적인 인력 수급도 중요하지만 중장기적 관점에서 유학생 정착을 활성화해야 한다는 목소리가 높다. 한국 사회와 문화를 일찍이 경험하고 대학에서 수년간 수학한 만큼 한국 사회에 기여할 수 있는 역량이 더 넓다는 이유에서다.

지난해 기준 국내 외국인 유학생은 누적 약 17만명에 달한다. K컬처에 대한 세계적인 관심으로 유학생이 꾸준히 많아지고 있는 가운데 정부는 2027년까지 이를 30만명으로 늘리겠다는 야심 찬 청사진을 내놨다. 하지만 정작 유학 정보 비대칭이 커 유학을 희망하더라도 실제 유학 선택으로 이어지지 못하는 실정이다. 여기에 유학생의 한국 생활을 지원할 서비스가 부족해 한국에서의 생활 만족도도 높지 않은 것으로 분석된다.

어플라이코리아는 국내에 재학 중인 외국인 유학생의 생생한 유학 경험을 자국 청소년에게 1대1 멘토링으로 전달하는 서비스 플랫폼이다. 어플라이코리아는 어학연수, 학위 인증 대학 정보부터 외국인 전형 일정, 학과, 지역, 환경, 등록금, 취업률, 유학생 만족도와 같은 정보를 종합적으로 안내한다. 유학 희망자는 1대1 멘토 도움을 받아 유학 준비부터 입학원서 제출까지 진행할 수 있다. 개별적으로 유학 지원서를 내지 않고 플랫폼을 통해 한 번에 원하는 만큼 대학에 지원할 수 있다는 점도 특징적이다.

유학 생활에 잘 적응하기 위해선 언어 습득만큼 중요한 게 없다. 언어 회화를 연습하려면 원어민과 최대한 많이 말해보는 경험이 필요한데, 한국어의 경우 원어민 선생님을 찾기 어렵고 튜터링 비용이 비싸 불편이 크다.

트이다는 음성인식 기술과 일인칭 동영상을 접목한 상호 작용형 수업 콘텐츠로 원어민 선생님과 가상 대화를 하며 언어를 배울 수 있는 솔루션을 제공한다. 사용자 발음 정확도에 따라 커피 주문하기, 면접 보기, 지하철표 사기와 같은 실생활 표현을 익힐 수 있다. 트이

다에 따르면 이용자 중 35%가 미국과 영국 등 영어권 국가에서 유입되고 있다. 동남아시아에서는 한국 기업에 취업하려는 사람들이 주 이용자인 것으로 분석됐다.

언어가 서툴고 현지 사정에 익숙하지 않은 외국인이 한국에 거주하고자 할 때 마주하는 또 다른 난관은 주거다. 비싼 숙박료와 정보 비대칭은 외국인에게 초반부터 큰 장애물이 된다. 엔코위더스는 외국인이 쉽게 검색하고 예약할 수 있는 공유주택 '엔코스테이'를 출시해 서울에서만 약 350개 주거 공간을 운영하고 있다. 집을 구하는 외국인에게 큰 부담이 되던 보증금 제도를 회사 직영 매물의 경우 과감히 폐지했다. 경쟁사보다 저렴한 비용으로 한 달 이상의 중장기 숙박에 집중하고 있다.

스테이즈는 한국에 거주하고자 하는 외국인을 위해 부동산 온라인 상담과 계약부터 고객관리(CS)까지 한국어, 영어, 중국어로 지원한다. 선호 지역, 희망 입주일, 거주 기간, 방 종류(원룸, 분리형 원룸, 복층 원룸, 투룸, 스리룸), 거주 인원, 보증금 예산, 월세 예산, 현재 한국 거주 여부, 현재 거주 중인 방 계약 만료일 등을 입력하면 조건에 맞

는 매물을 찾아 고객에게 연락해준다. 페이팔, 위챗페이 결제가 가능해 해외에서도 편리하게 예약할 수 있다.

다국적 인재를 국내 기업에 매칭해주는 외국인 구인구직 플랫폼도 다양하게 등장했다. 코워크위더스가 운영하는 '코워크(KOWORK)'는 지역·비자별로 외국인 채용 공고를 한영 번역해 안내하고 한국에서 사용하는 이력서도 제작해준다. 일방적 정보가 아닌 전공·경력 등을 고려한 맞춤 정보 제공을 지향한다. 생산직뿐 아니라 전문직을 중심으로 한 채용 정보도 제공한다는 점이 특징이다. 한국에 거주

하면서 일하고 싶어 하는 외국인, 즉 D-2·D-4 비자를 발급받아 대학 어학당에서 공부하고 있거나 교환학생 신분인 유학생, E-7 비자를 받을 수 있는 숙련 인력들이 대상이다.

구직자는 코워크에서 맞춤형 비자를 추천받아 자격 요건과 준비 서류를 확인하고 점수제 자격 테스트로 간편하게 비자 발급 가능 여부도 알 수 있다. 회사 측에 따르면 외국인 인재 풀은 약 5만2000명, 등록 기업은 240곳에 달한다.

국내 체류 외국인의 해외 송금을 지원하는 업체들은 이미 몸집을 불려 상장

음성인식 기반 한국어 회화 연습 서비스 '트이다'.   사진: 트이다

까지 준비하고 있다. 2017년 해외 송금 전문 핀테크로 출발한 한패스는 해외 송금 업체 가운데 첫 번째 코스닥 상장사가 되는 것을 목표로 기업공개(IPO)를 추진하고 있다. 센트비 역시 2~3년 안에 상장하는 것을 목표로 한다. 이들 해외 송금 핀테크는 은행 대비 저렴한 수수료와 실시간 송금 서비스를 강점으로 내세운다. 한패스는 결제 기능까지 추가했으며 이를 기반으로 KTX · 시외버스 예약, 통신비 · 공과금 납부와 같은 생활 금융서비스도 지원하고 있다.

외국인 환자의 의료서비스 이용 편의를 제고하는 곳도 있다. 유메디는 국내에 거주하는 외국인이 병원에 갈 때 이용할 수 있는 플랫폼이다. 전국 유수 병원과 협업해 외국인에게 병원 예약은 물론 교통, 숙박, 통역 서비스까지 제공한다. 지방 소도시에 거주하는 외국인을 위해선 가까운 대형병원에서 진료받을 수 있도록 투어 프로그램도 지원한다. 병원에서 진료받기 전 어느 정도 진료비가 나올지도 환자에게 안내해준다.

인구 스타트업이 제2의 '네카오' 되려면

해외에서는 이미 인구 관련 스타트업 가운데 유니콘(기업가치 10억달러 이상 비상장기업)도 속속 등장하고 있다. 미국 실리콘밸리 스타트업 '파파(Papa)'는 타이거글로벌 등으로부터 2억4120만달러 규모 투자금을 유치하며 유니콘 반열에 올랐다. 시니어들이 느끼는 외로움을 덜어주기 위해 이들과 대학생을 '팔(Pal)'로 연결해준다. 최근 들어서는 30대도 많아지는 추세다.

프랑스에서는 금융인 출신 공동창업자가 설립한 거점형 민간 어린이집 기업 바빌루가 2개국에 걸쳐 1200개 시설을 보유한 세계적인 기업으로 성장했다. 부모들은 직장에 다니면서 집이나 직장 근처 혹은 교통 요지에 자리한 민간 어린이집을 시립 어린이집 수준의 비용으로 이용할 수 있다. 바빌루의 거점형 어린이집은 대도시는 물론 중소도시와 시골에도 고루 뻗쳐 있는 것으로 알려졌다. 로레알, IBM, 르노, 에르메스, 디올, 코카콜라를 비롯한 공공 · 민간 부문 기업 600개 이상을 고객으로 두고 있다.

인구 문제 해결을 위해 두 팔을 걷은

국내 스타트업이 네이버, 카카오와 같은 거대 기업으로 성장한다면 세수부터 고용까지 사회 전반에 기여하는 바가 클 것임은 두말할 나위가 없다. 업계에서는 정부의 다양한 지원이 뒷받침된다면 스타트업의 사업 확장에 날개가 달릴 수 있다는 목소리도 나온다.

지역에서 사업하는 스타트업들은 당장 인력 채용에 대해 볼멘소리를 낸다. 지인이나 거래처를 통해 알음알음 소개를 받고 채용 공고도 올려보지만, 양질의 인재를 찾기가 쉽지 않다는 것이다. 각종 규제가 예기치 못한 걸림돌이 되기도 한다. 삼신의 난소 간이 자가검사 키트는 현행 의료법에 명시된 '의사 처방'과 관련해 규제 회색지대에 놓여 있어 시중에 판매되지 못하고 있다. 삼신은 규제 샌드박스를 통해 회사가 직접 주체가 돼 처방할 수 있도록 신청한 상황이지만 유관 부처가 적극적으로 나서지 않는 분위기로 전해진다.

다자요는 한때 농어촌 민박은 주인이 거주하는 집에서만 가능하다는 기준 때문에 불법으로 낙인찍혀 1년간 사업을 중단해야 했다. 이후 정부의 신산업 갈등 조정 메커니즘인 '한걸음 모델'로 선정돼 상생 방안을 마련하며 가까스로 사업을 재개할 수 있었다. 업계에서는 당장 네거티브 규제를 시행할 수 없다면 최소한 시장 상황에 맞는 규제라도 속도감 있게 만들어 갈등의 불씨를 미연에 방지해야 한다는 주장이 제기된다.

또한 관련 시장이 아직 초기여서 이들 스타트업 서비스 이용료가 높게 형성되는 경우가 많다는 점에서 공공 성격의 서비스에 대해선 바우처(사회서비스 이용권) 도입을 적극 고려해야 한다는 목소리도 나온다. 이들 스타트업이 규모의 경제를 이루기 위해서는 정부 차원에서 각종 홍보와 투자를 실시해 해외 시장 진출을 보다 적극적으로 지원할 필요가 있다는 분석이다.

인구위기 게임체인저는
4차 산업혁명에서

앞으로 고령인구가 급증하는 것은 정해진 미래다. 통계청 장래인구추계에 따르면 65세 이상 고령인구는 2022년 898만명에서 2025년 1000만명을 넘고 2072년엔 1727만명까지 증가할 전망이다. 2022년 44.9세였던 중위연령은 2031년 50세를 넘고 2072년엔 63.4세까지 높아질 것으로 예상된다. 중위연령은 전체 인구를 연령순으로 나열할 때 중간에 있는 사람의 연령이다. 쉽게 말해 인구 중 절반이 고령자인 '노인 국가'가 된다는 의미다. 반면 생산가능인구(15~64세)는 2022년 3674만명에서 향후 10년간 322만명이 감소하고 2072년엔 1658만명까지 쪼그라든다. 이에 따라 노인 부양비가 치솟는다. 생산가능인구 100명당 부양해야 하는 고령인구가 2022년 24명에서 2040년엔 59명으로 2배 증가하고, 2072년엔 104명에 달할 전망이다. 출산율 반등이 시급하다 보니 정부 대책은 물론 국민의 관심이 저출산에 쏠려 있지만 인구 문제의 또 다른 한 축인 고령화도 보통 심각한 상황이 아니다.

곧 다가올 고령화 충격이 한국 경제를 후퇴시키지 않으려면 고령자가 건강하게 오래 일할 수 있어야 한다. 건강한 고령인구가 늘어나면 정년과 상관없이 경제 활동에 참여해 생산가능인구가 늘어나는 효과를 기대할 수 있다. 동시에 고령층 복지 지출 비용도 줄일 수 있다. 문제는 어떻게 건강한 고령인구를 늘리냐는 것인데 과학기술에 답이 있다. 로봇, 뇌·기계 인터페이스, 역노화 등 미래 과학기술이 인간의 신체 능력을 강화하고 무병장수에 도전하고

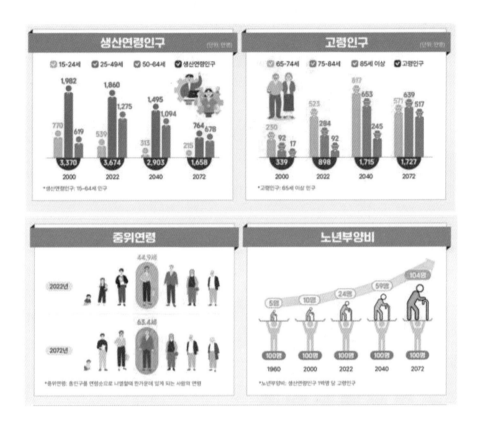

있기 때문이다. 이런 미래 과학기술과 관련된 시장은 성장 잠재력도 무궁무진하다. 한국 경제의 엄청난 미래 먹거리가 될 수 있다. 인구 고령화는 한국뿐 아니라 선진국은 물론 개발도상국까지도 같은 길을 가고 있다. 앞으로 인구 문제에서 과학기술은 떼려야 뗄 수 없는 관계가 될 것이다.

웨어러블 로봇, 트랜스휴먼 시대 연다

공상과학(SF) 영화나 실험실 수준에 머무르던 웨어러블(착용형) 로봇이 본격적으로 현실이 되고 있다. 공경철 KAIST 기계공학과 교수에 따르면 웨어러블 로봇의 목표는 크게 4가지다. 첫째는 노인성 질병과 불의의 사고로 인한 신체적 장애를 회복시키는 것이다.

고령 장애인 등록 인구수

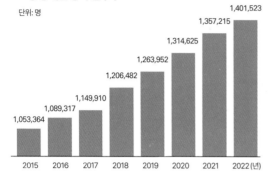

단위: 명

연도	인구수
2015	1,053,364
2016	1,089,317
2017	1,149,910
2018	1,206,482
2019	1,263,952
2020	1,314,625
2021	1,357,215
2022 (년)	1,401,523

연도별 장애 아동 등록 인구수

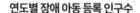

단위: 명

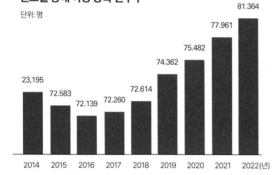

연도	인구수
2014	23,195
2015	72,583
2016	72,139
2017	72,260
2018	72,614
2019	74,362
2020	75,482
2021	77,961
2022(년)	81,364

자료: 한국장애인개발원, 공경철 KAIST 기계공학과 교수

둘째는 현재의 건강 상태를 오래 유지하는 것이다. 셋째는 웨어러블 로봇의 힘을 빌려 근력을 증강해 일터에서 내 몸을 안전하게 보호하는 것이다. 마지막 목표는 웨어러블 로봇을 입고 인간의 신체적 능력의 한계를 뛰어넘는 것이다.

인구 문제에서 웨어러블 로봇에 주목하는 이유는 급속한 고령화로 급증하는 재활과 간병 수요에 효과적으로 대응할 수 있기 때문이다. 한국은 장애 인구의 고령화가 가속화하고 있다. 65세 이상 장애인 수는 2022년 140만명으로 전체 등록 장애인의 52.8%에 달한다. 이 비중은 2021년 50%를 돌파한 뒤 계속 커지는 추세다. 등록된 65세 이상 장애인 중 보행 장애를 겪는 지체장애인은 65만9000명, 뇌병변장애인은 14만2000여 명에 달한다. 거동이 어려운 고령자들이 웨어러블 로봇의 힘을 빌려 동네 산책이 가능해진다면 삶의 질이 높아지고 이들을 돌보는 간병인의 정신적·체력적 부담도 줄어들 수 있다.

더 심각한 문제는 보행 장애 아동이 늘어나고 있다는 점이다. 한국장애인개발원에 따르면 장애 아동(18세 미만) 수는 2016년을 기점으로 매년 증가하고 있으며 2022년에는 8만1364명으로 전년(7만7961명)보다 4.4% 늘었다. 한국의 전체 아동인구(727만명) 중 1.12%가 장애 아동이다. 보행 장애가 있는 지체장애 아동과 뇌병변장애 아동은 총 1만2076명이다. 고령 장애인은 전체 고령인구 수 증가로 그 비율이 감소하는 추세인 데 반해, 장애 아동은 초저출산 여파로 전체 아동인구 대비 비율이 급증하고 있다. 어린이 한 명 한 명이 어느 때보다 소중한 현실에서 충격이 아닐 수 없다. 지금까지 대부분의 장애 아동은 성인이 돼도 경제 활동이 쉽지 않았다. 아이를 돌보는 데 올인하는 젊은 부모도 경제 활동에서 이탈할 가능성이 높다. 그러나 웨어러블 로봇을 사용하면 아이가 커서 사회에 진출하고 부모는 경제 활동에 다시 참여할 가능성이 커진다.

질병이나 사고로 보행에 어려움이 생긴 환자가 병원에서 보행 훈련에 특화된 웨어러블 로봇을 착용해 첨단 재활 치료를 받고, 가정에서도 로봇을 이용해 꾸준히 재활 훈련을 하면 이동 능력이 서서히 회복될 확률이 높아진다. 이어 일상생활용 로봇 보행 보조기기를 사용하면 이동 능력을 유지하면서 일상으로 복귀할 가능성도 높아진다. 이런 일련의 과정은 이동 능력이 점점 떨어져 휠체어에 의존하게 되는 전통적인 재활 방식과 차별화된다.

보행 훈련용 웨어러블 로봇에는 환자의 부족한 힘을 보조하는 힘 제어 기술을 비롯해 전신 균형을 맞춰주고 보행 의도를 실시간으로 파악하는 등 다양한 첨단 기술이 적용됐다. 요즘 최신 웨어러블 로봇은 대학병원 재활센터에 모여 있다는 말도 나온다. 공 교수는 "절박한 인구 위기에 직면한 가운데 장애 아동과 부모가 모두 경제 활동에 참여할 수 있도록 도와주는 웨어러블 로

전체 고령인구 대비 고령 장애인 비율

단위: %

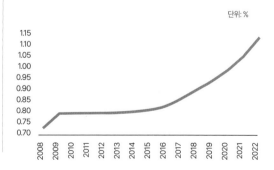

전체 아동인구 대비 장애 아동 비율

단위: %

엔젤로보틱스가 개발한 하지 불완전마비 환자를 위한 보행 훈련 웨어러블 로봇 '엔젤렉스 메디컬 M20'. 2022년 식품의약품안전처에서 의료기기 3등급 품목허가를 획득해 건강보험 적용을 받게 됐다. 현재 전국 70여 곳의 병원과 복지관 등에 보급됐다.　　　　　　　　　　　　　　　　　　자료: 엔젤로보틱스

봇 개발은 절실한 과제"라고 말했다.

간병인에게 웨어러블 로봇은 '필수템'이 될 것으로 보인다. 웨어러블 로봇이 간병인의 체력적 한계를 보완해주고 힘을 쓰다가 다치는 위험을 낮춰줄 수 있기 때문이다. 간병인이 안전하게 일할 수 있어야 돌봄 인력을 확보하고 서비스 질도 개선할 수 있다. 간병인뿐 아니라 일반인도 안전 장비처럼 착용할 수 있는 웨어러블 로봇이 개발되고 있다. 어깨와 허리, 손목 등 각 부위의 근력과 관절을 보조해주는 웨어러블 로봇(슈트)은 노동 강도와 근골격계의 피로감을 줄여주는 효과가 있다. 공 교수는 "착용자의 신체 특징이나 작업 형태에 따라 맞춤형으로 제작해야 한다"며 "시력 교정을 위해 안경을 맞추는 것처럼 웨어러블 슈트도 맞춤형으로 만들어 입는 시대가 올 것"이라고 내다봤다. 웨어러블 로봇은 물리적인 보조에 그치지 않고 생산성 향상에도 기여할 수 있다. 웨어러블 로봇을 입은 인간과 로봇 기계가 협업하는 모습이 펼쳐질 것으로 보인다. 웨어러블 로봇이 착용자의 동작, 행동 의도, 피로도 등 방대한 데이터를 분석하고 다른 로봇 기계와 데이터로 실시간 소통하며 가장 효율적으로 일할 수 있도록 도와주는 것이다. 통상 웨어러블 로봇에는 100여 개 센서가 들어간다고 한다. 사람에게 센서를 가장 많이 붙일 수 있는 디바이스는 웨어러블 로봇이 유일하다는 말까지 나올 정도다. 미국 최대 인터넷 쇼핑 업체 아마존의 직원은 웨어러블 슈트를 입고 대형 물류창고에서 작업한다. 아마존은 로봇을 적극적으로 활용하고

있는데 물류 작업을 하는 이동형 로봇수는 2013년 1만대에서 2023년 75만대까지 급증했다. 이런 이동형 로봇과 작업자의 웨어러블 슈트가 서로 실시간 모니터링하면서 협업하는 셈이다.

3D 업종 도맡을 휴머노이드

인간형 로봇(휴머노이드)이 노동력 부족 해결사로 급부상하고 있다. 그동안 인간형 로봇은 일본 혼다의 아시모, 소프트뱅크의 페퍼 등이 나왔지만 마땅

작업자가 엔젤로보틱스가 개발한 웨어러블 슈트(ANGEL GEAR)를 착용하고 무거운 물체를 들어 올리고 있다. 이 웨어러블 슈트는 착용자의 근골격계를 안전하게 보호해준다.
자료: 엔젤로보틱스

테슬라가 개발 중인 휴머노이드 로봇 '옵티머스' 이미지.

자료: 머스크X 캡처

한 쓰임새를 찾지 못했다. 그러나 인간 지능에 도전하는 생성형 인공지능(AI)이 등장하고 AI 반도체 등 하드웨어도 급속하게 발전하면서 사람의 '새로운 파트너'로 불릴 만한 휴머노이드 로봇이 개발되고 있다. 어린 시절 스마트폰과 컴퓨터 등 디지털 기기를 사용하며 성장한 '디지털 네이티브'처럼 휴머노이드 로봇과 함께 자라는 '로봇 네이티브' 세대가 나올 가능성도 있다.

세계적으로 가장 주목받고 있는 휴머노이드 로봇은 테슬라가 개발 중인 '옵티머스'다. 옵티머스는 키 170㎝, 몸무게 73㎏ 정도의 로봇이며 사람처럼 두 발로 걷는다. 테슬라가 공개한 영상을

보면 옵티머스들이 질서 있게 사무실과 공장을 돌아다니고, 테이블에 있는 물건을 손으로 집어서 다른 상자에 옮겨 놓는 등 단순 작업을 하는 장면이 나온다. 테슬라는 "고성능 로봇을 대량 생산할 수 있다"며 "3~5년 뒤 자동차보다 저렴하게 2만달러(약 2600만원) 이하로 판매할 것"이라고 밝힌 바 있다.

미국 항공우주국(NASA)도 휴머노이드 로봇 개발에 뛰어들었다. NASA는 2023년 8월 미국 텍사스 오스틴에 위치한 중소기업 앱트로닉(Apptronik)과 개발한 휴머노이드 로봇 '아폴로'를 공개했다. 앱트로닉은 지구에서, NASA는 우주에서 사용할 것을 목적으로 아폴로

미국 항공우주국(NASA)과 앱트로닉이 개발한 휴머노이드 로봇 '아폴로' 이미지. 　　　　　자료: 앱트로닉 유튜브 캡처

를 개발했다. 아폴로는 키 $170\,cm$, 몸무게 $73\,kg$ 정도의 로봇이며 최대 $25\,kg$ 무게를 운반할 수 있고 가동 시간은 약 4시간이다.

앱트로닉이 공개한 동영상을 보면 아폴로는 물류창고에서 선반에 있는 상자를 두 팔로 들어서 이동한 뒤 두 무릎을 구부려 바닥에 살포시 내려놓거나, 컨베이어 벨트에 있는 상자를 들고 뒤로 돌아서 트레일러에 옮겨 놓는 등 사람처럼 일을 해낸다. 다섯 손가락도 기존 로봇처럼 투박하지 않고 사람처럼 자유자재로 움직인다.

앱트로닉이 꼽는 아폴로의 강점은 안전성이다. 아폴로는 사람과 공존하는 안전한 작업 환경을 만들기 위해 힘을 제어할 수 있고, 움직이는 물체를 탐지하면 일시 정지한다. NASA와 앱트로닉은 아폴로가 가까운 미래에 창고와 제조공장에 투입되고 최종적으론 건설, 소매, 택배, 고령자 간병 등 다양한 분야에서 사람과 같은 노동력을 제공할 수 있다고 설명한다. 또 아폴로는 달과 화성에서 우주비행사의 어시스턴트(보조원)로서 다양한 작업을 돕게 된다.

아마존 창업자 제프 베이조스와 엔비디아가 투자해 화제가 된 로봇 스타트업 피규어AI도 2023년 휴머노이드 로봇 '피규어01'을 선보였다. 피규어01은 키 $168\,cm$, 몸무게 $60\,kg$으로 다른 휴머노이드 로봇보다 가볍고 초당 1.2m 속도로 걸을 수 있다.

골드막삭스는 휴머노이드 시장 규모가 2035년 1540억달러에 달할 것이라고 내다봤다. 특히 2030년엔 휴머노이드가 미국 제조업 인력 부족의 4%를 메우고, 2035년까지 세계 고령자 간병 수요의 2%를 채울 것으로 전망했다. 피규어AI는 "미국에서만 사람들이 기피하는 일자리가 1000만개에 달하고, 고령화 여파로 기업도 만성적인 노동력 부족에 시달리고 있다"며 "자율형 인간형 로봇을 공급하면 글로벌 인력 부족 문제를 해결할 수 있다"고 했다.

중국도 사람을 닮은 휴머노이드 로봇 개발에 팔을 걷어붙였다. 중국도 저출산 고령화 여파로 2050년까지 생산가능인구가 20%가량 줄어들 것으로 예상되기 때문이다. 이에 2023년 11월 중국 정부는 2025년까지 휴머노이드 로봇을 양산화하겠다고 발표했다. 중국 정부는 이를 위해 글로벌 영향력을 갖춘 기업과 다수의 전문 중소기업을 육성하고 로봇클러스터까지 조성해 2027년에는 안정적인 로봇 생산망을 구축하겠다는 구체적 계획을 내놨다.

한국 정부도 2024년 2월 '산업기술 알키미스트(연금술사) 프로젝트' 신규 테마로 3개 유망 기술을 정했는데 그중 하나가 AI 시대를 선도할 휴머노이드다. 산업기술 알키미스트 프로젝트는 정부가 10년 후 산업 판도를 바꿀 미래 기술 확보를 지원하기 위해 실패를 용인하는 중장기 연구개발(R&D) 사업이다. 2022년부터 가동하고 있다. 정부는 인간처럼 생각하면서 인간 이상의 감각을 갖고 일상생활과 제조 현장에서 고강도·고위험 육체노동을 수행하는 차세대 휴머노이드 개발을 목표로 하고 있다.

인간과 컴퓨터, 뉴런으로 닿는다

뇌신경과학 스타트업 뉴럴링크 설립자인 일론 머스크 테슬라 최고경영자(CEO)는 2024년 2월 소셜미디어 엑스(X·옛 트위터)의 음성 대화 스페이스 행사에서 뇌에 컴퓨터 칩을 이식한 환자가 생각만으로 컴퓨터 스크린에서 마우스를 조작할 수 있게 됐다고 밝혔다. 머스크는 뉴럴링크의 임상시험에 대해 "환자는 부작용 없이 완전히 회복한 것으로 보인다. 생각하는 것만으로 스크린에서 마우스를 움직일 수 있다"

고 말했다. 머스크의 이 발언은 전 세계에서 주목을 받았다.

뉴럴링크는 컴퓨터가 사람의 생각을 읽어내는 뇌·기계 연결(BMI·Brain-Machine Interface) 기술을 개발해왔다. BMI 기술을 활용하면 팔다리를 쓰지 못하는 사람이 생각만으로 각종 기기를 제어해 다양한 활동을 할 수 있게 된다. 인간의 신체 기능을 확장해주는 마법 같은 기술이다. 머스크는 BMI 기술로 사지마비 환자가 모바일 디바이스를 자유롭게 조작할 수 있을 뿐 아니라 근육 운동까지 가능하며 시각장애인의 시력도 회복시킬 수 있다고 장담

하고 있다.

과학계는 뉴럴링크의 발 빠른 행보에 주목한다. 머스크는 2016년 뉴럴링크를 설립하고, 2021년 뇌에 칩을 이식한 원숭이들이 컴퓨터 게임을 할 수 있다는 것을 증명했다. 이어 2023년 5월 소형 칩을 환자 좌뇌와 우뇌에 직접 이식하는 임상시험에 대해 미국 식품의약국(FDA) 승인을 받았다. 그리고 4개월 뒤 9월에 첫 임상시험 참가자를 모집했고, 약 5개월 만에 임상시험에 나선 것이다.

BMI는 미국이나 유럽 몇몇 대학의 연구실에서도 개발이 진행되고 있는 기

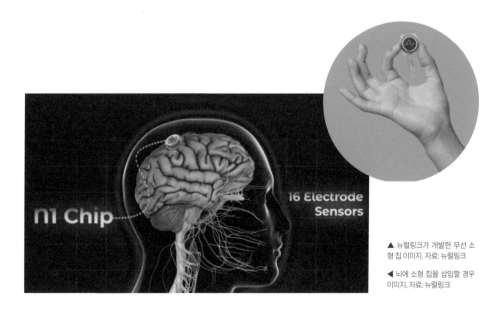

▲ 뉴럴링크가 개발한 무선 소형 칩 이미지. 자료: 뉴럴링크

◀ 뇌에 소형 칩을 삽입할 경우 이미지. 자료: 뉴럴링크

술이어서 새롭지 않다고 한다. 다만 대학 연구실의 BMI 기술은 유선 케이블과 전문 장치 등을 사용해 상용화와 거리가 멀다. 반면 뉴럴링크는 사람 머리카락 두께의 14분의 1 정도로 얇은 64개의 실(Thread)에 1000개 이상의 전극이 달려 있는 무선 소형 칩을 개발했다. 이 칩은 전극이 잡은 뇌 신호를 모아서 외부로 전송한다. 뉴럴링크는 몇 년 전부터 재봉틀처럼 생긴 수술 로봇도 선보였다. 뇌에 칩을 삽입하는 것에 대한 불안감을 줄이기 위해서인 것으로 분석된다. 뉴럴링크가 BMI 기술이 일상에 들어오는 신호탄을 쏘아 올렸다는 평가가 나오는 배경이다. 뉴럴링크는 2024년엔 11명, 2030년까지 2만2000명의 환자의 뇌에 칩을 삽입하겠다는 목표를 세운 것으로 알려졌다.

BMI 기술은 인구 문제 해결과도 관련 있다. 파킨슨병, 루게릭병, 뇌졸중, 뇌출혈 등 퇴행성 뇌질환이나 뇌신경계 질환, 외상에 의한 척추 손상 등으로 몸이 마비돼 말을 하지 못하는 환자들에게 삶의 질을 높여주고, 이들을 돌보는 가족들의 부담도 크게 덜어줄 수 있기 때문이다.

퇴행성 뇌질환의 공통점은 나이가 들수록 유병률이 높아진다는 점이다. 고령화가 진행될수록 환자 수가 늘어날 수밖에 없다. 건강보험심사평가원에 따르면 국내 파킨슨병 환자는 2016년 9만6400여 명에서 2022년 12만명을 넘어섰다. 건강보험공단이 2022년 공개한 파킨슨병 건강보험 진료 현황(2016~2020년)을 보면 총진료비는 2016년 4376억원에서 2020년 5482억원으로 25.3% 증가했다. 진료비의 절반(50.9%)이 80세 이상에게 들어갔고 70대(33%), 60대(12.2%) 순이었다. 환자 한 명당 진료비도 2016년 452만3000원에서 2020년 492만5000원으로 증가했다.

퇴행성 뇌질환은 나이의 증가가 가장 중요한 위험 요소이며 지금까지 확실한 예방인자나 치료법은 없다. 그러나 BMI 기술이 게임 체인저가 될 수 있다. 예컨대 다리가 불편한 파킨슨 환자가 머릿속 생각으로 전동 휠체어를 자유롭게 조작하거나 일어나 걸을 수 있게 BMI 기술이 도와줄 수 있다. 뇌졸중으로 언어장애가 생긴 환자가 가족들과 대화를 나눌 수 있고, 제3·4의 로봇팔을 붙여서 자유롭게 움직일 수도 있다. 이미 수많은 대학 연구실과 바이오 기

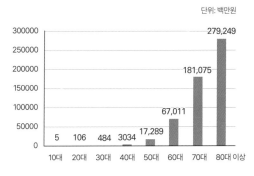

파킨슨병 연령대별 진료 인원

단위: 명

10대	20대	30대	40대	50대	60대	70대	80대 이상
11	91	231	1245	6140	20819	42172	40603

*2020년 기준. 자료: 건강보험공단

파킨슨병 연령대별 총진료비

단위: 백만원

10대	20대	30대	40대	50대	60대	70대	80대 이상
5	106	484	3034	17,289	67,011	181,075	279,249

*2020년 기준. 자료: 건강보험공단

업이 BMI 개발에 뛰어들어 공상과학 (SF) 영화에서 볼 법한 '초인류'의 미래가 실현 가능하다는 것을 증명해내고 있다.

BMI 기술을 활용하기 위해 삽입하는 장치도 몸에 있는지도 모를 정도의 '스 텔스 디바이스'가 될 것이란 전망이 나온다. 현재 사지마비 환자가 BMI 기술로 컴퓨터 스크린에서 마우스를 조작하는 수준은 일반인의 30~40%라고 한다. 그러나 10년 내에 일반인과 비슷한 수준까지 발전할 것으로 전망된다. 최근 AI 기술이 발전하면서 BMI 기술 발전 속도도 빨라지고 있기 때문이다. 한국의 BMI 기술 수준은 전극을 가진 칩 개발 등 하드웨어 기술은 미국 등 선두 국가에 밀리지 않지만 소프트웨어 기술은 뒤쫓아가는 단계라고 한다. 이미 미국이나 유럽에서는 뇌 임플란트 임상시험이 10여 건 진행됐지만 한국은 아직 없다. 박성준 KAIST 바이오 · 뇌공학과 교수는 "초고령화 시대엔 뇌 관련 질환이 가장 큰 문제인데, 이를 해결하는 방법으로 뇌공학 기술이 이미 많이 사용되고 있다"며 "환자가 과학의 힘으로 신체적 장애와 한계를 극복할 수 있게 될 날이 머지않았다"고 말했다. 과학계에선 10년 안에 중증 환자들이 BMI 기술을 활용해 다양한 치료를 받을 수 있을 것으로 보고 있다. 이렇게 되면 국가 차원에서도 뇌 질환으로 인한 사회 · 경제적 비용을 절감할 수 있다.

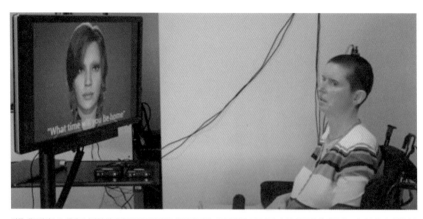

미국 샌프란시스코 캘리포니아대 연구진은 2023년 8월 뇌졸중 환자의 뇌에 전극을 심고 입술과 혀, 턱 근육에 전달되는 뇌 신호를 수집해 분당 80개 단어로 문장을 만들어내는 데 성공했다. 이 여성 환자는 배구를 즐길 정도로 건강했지만 뇌졸중으로 쓰러져 몸이 마비돼 말을 하지 못하게 됐다. 그러나 BMI 기술로 18년 만에 목소리를 되찾고 가족들과 간단한 대화를 나눌 수 있게 됐다. 연구진은 환자의 입술 움직임에 따라 표정이 바뀌는 아바타도 개발했다.
사진: 샌프란시스코 캘리포니아대 유튜브 캡처

BMI 기술은 시장 성장 잠재력도 크다. 세계 BMI 시장 규모는 2024년 20억달러(약 2조7000억원)가 예상되며 2029년에는 32억5000만달러(약 4조3000억원)로 성장할 것으로 전망된다.

벤자민 버튼은 올까, 역노화로 건강수명 늘어난다

사람이 회춘(回春)하면 초고령화로 생산가능인구가 감소하는 문제를 해결할 수 있지 않을까. 모두가 꿈꾸지만 불가능하다고 여겼던 회춘을 가능하게 하는 역노화 기술이 개발되고 있다. 역노화란 늙은 세포를 젊고 건강한 상태로 되돌리는 것을 말한다. 세포 노화를 지연시키는 항노화와 다른 개념이다. 그동안 세포의 노화는 비가역적인 현상으로 여겨졌다. 그러나 2012년 야마나카 신야 일본 교토대 교수가 섬유아세포에서 유도만능줄기세포로 역분화에 성공하면서 이런 인식이 변하는 분위기다.

역노화 연구개발(R&D)의 최전선에 조광현 KAIST 바이오 및 뇌공학과 교수 연구팀이 있다. 조 교수 연구팀은 오랜 기간 암 연구에 공들여왔는데 암세포를 정상 세포로 되돌릴 수 있다는 놀

라운 발견을 했다. 세포의 회춘인 셈이 다. 현재 다양한 항암치료법이 나왔는 데 이들의 공통점은 빠르게 분열하는 암세포를 죽여서 증식을 억제한다는 것이다. 문제는 암세포를 다 죽이지 못 할뿐더러 정상 세포들까지 함께 죽인 다는 점이다. 이 때문에 항암치료를 받 는 환자들은 면역력 저하, 기능장애, 탈 모 등 부작용을 겪는 경우가 많다. 말기 암 환자는 항암치료에서 고통을 받으 며 인생의 마지막 시기를 보내기도 한 다. 조 교수는 "암세포를 선택적으로 죽 이는 데 한계가 있다면 회춘을 시켜 정 상 세포처럼 행동하도록 만들면 항암 치료의 새 장을 열 수 있다"며 "암을 당 뇨나 고혈압처럼 잘 관리하면서 살아 갈 수 있는 시대가 올 수 있다"고 설명 했다. 조 교수 연구팀은 암세포를 정 상 세포로 되돌리는 암 가역치료(cancer reversion therapy) 개념을 만들었다.

역노화 기술은 인구 문제를 해결하는 데 돌파구가 될 수 있다. 고령층에서 암 발생이 급격하게 증가하고 있기 때문 이다. 국가암정보센터에 따르면 65세 이상에서 암 발생률은 10만명당 1569.1 명으로 35~64세 암 발생률(537.3명) 의 약 3배나 높았다. 국가암정보센터는

"인구 고령화에 따른 자연적인 암 발생 증가가 암 발생자 수가 많아진 주요 원 인"이라고 분석했다. 조 교수도 "노화로 인한 질병 중 나이와 비례해 증가하는 병이 암"이라고 말했다.

역노화에서 암에 주목하는 이유는 한 국인 사망 원인 1위가 암이기 때문이 다. 암 가역치료가 현실이 되면 암 발 생 시기를 최대 10년 늦출 수 있을 것 이란 전망이 나온다. 그만큼 고령자들 이 건강한 상태를 유지하며 경제 활동 에 참여하는 기간이 길어질 수 있다. 한 국건강증진개발원에 따르면 기대수명 은 2018년 82.7세에서 2021년 85.2세 로 2.5세 늘었는데, 같은 기간 건강수명 은 70.4세에서 70.5세로 0.1세 오르는 데 그쳤다. 기대수명은 매년 꾸준히 높 아지는 반면 건강수명은 더디게 늘어 나고 있어서다. 노년에 대표 질환인 암 에 걸려 병원에 통원·입원하며 지내 는 시간이 길어지고 있다는 의미이기 도 하다.

최근 일본에서 100세 이상의 초장수인 에 대한 연구가 이뤄지고 있는데, 100 세 이상 건강하게 사는 사람들의 공통 점은 암에 걸리지 않았다는 것이다. 조 교수는 "고령자에게 치명적인 암을 역

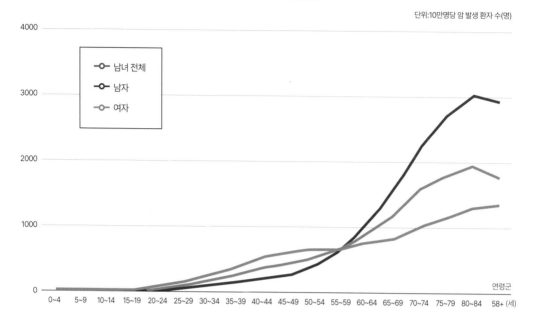

연령군별 모든 암 발생률

단위:10만명당 암 발생 환자 수(명)

성별	0~14세	15~34세	35~64세	65세 이상
남녀 전체	15.1	93.9	537.3	1,569.10
남자	15.9	58.8	464.8	2,210.90
여자	14.2	132.3	611.3	1,075.40

자료:국가암정보센터

노화 기술로 극복한다면 인간의 절대 수명은 늘리기 어려워도 건강수명을 늘려 건강한 노후 시대를 맞을 수 있다"며 "고령자들의 건강 상태가 좋아지는 만큼 생산가능인구로 참여할 여지도 커질 것"이라고 말했다. 암 발생으로 인한 사회경제적 비용을 절감하는 효과도 클 것으로 보인다. 국민건강보험공단과 건강보험심사평가원에 따르면 암 진료비는 매년 증가해 2020년 10조

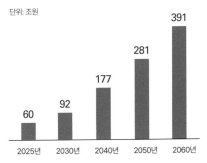

65세 이상 노인 진료비

단위: 조원

2025년	2030년	2040년	2050년	2060년
60	92	177	281	391

자료: 국민건강보험공단·건강보험정책연구원

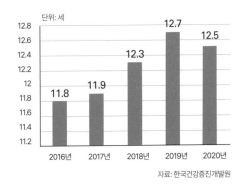

점점 벌어지는 기대수명-건강수명 격차

단위: 세

2016년	2017년	2018년	2019년	2020년
11.8	11.9	12.3	12.7	12.5

자료: 한국건강증진개발원

원을 넘어섰다. 암 진료비는 건강보험이 의료기관에 지불한 암 관련 진료비와 환자가 의료기관에 지불한 본인 부담금을 합한 것이다.

역노화 연구에서 성과가 나오고 있다. 조 교수 연구팀은 2020년 대장암 세포와 정상 대장 세포의 유전자 조절 네트워크를 분석해 대장암 세포를 정상 세포로 되돌리는 초기 원천 기술을 개발하는 데 성공했다. 유방암, 간암, 폐암, 소아 희귀암 등 암세포를 정상 세포로 바꾸는 연구에서도 진전이 있었다. 조 교수가 2022년 소프트웨어 전문가와 시스템생물학 분야 연구자와 의기투합해 설립한 스타트업 '바이오리버트'는 대장암, 폐암, 유방암, 간암 등의 암세포를 정상 세포로 되돌리는 신약을 개발하고 있다. 조 교수는 역노화 신약은 시간이 걸리지만 건강기능식품은 지금 기술 개발 속도라면 빠르면 5년 내에 나올 수 있다고 전망한다.

참고문헌

한국의 선택/김태유·이대식(서울대학교 출판문화연구원)/2021년

생산인구 확보 종합대책, 기업내 親출산·양육문화 정착을 위한 정책제언/한국무역협회/2024년

장래인구추계: 2022~2072년/통계청/2022년

20~30대 여성의 고용·출산 보장을 위한 정책방향/국회입법조사처/2023년

초저출산 및 초고령사회: 극단적 인구구조의 원인, 영향, 대책/한국은행/2023년

최근 출산율 증가원인 분석 및 중기출산율 예측/한국보건사회연구원/2008년

지역간 인구이동과 지역경제/한국은행/2023년

밀레니얼 청년세대를 위한 산업입지 공급방향/2020년

아세안 청년: 기술, 역량, 그리고 직업의 미래/WEF/2019년

고령화가 금융기관의 경영환경에 미치는 영향과 예보의 역할/예금보험공사/2019년

인구고령화가 주택시장에 미치는 영향/한국은행/2017년

국민연금 구조개혁 방안/KDI/2024년

국내 전략산업 투자유치 인센티브 개편 방향/대외경제정책연구원/2023년

아일랜드의 급속한 경제성장의 배경 및 관련 논의/자본시장연구원/2023년

공공기관 지방이전의 효과 및 정책방향/KDI/2021년

글로벌 기업의 아시아 거점 결정요인 분석 및 한국의 유치전략/한국무역협회/2022년

인구감소시대, 체류인구를 활용한 지역유형별 대응전략 연구/국토연구원/2022년

새로운 인구개념인 '생활인구'의 의미와 향후 과제/국회입법조사처/2022년

주요 선진국의 외국인직접투자 정책변화와 시사점/대외경제정책연구원/2022년

OECD 국가별 패널 자료를 통한 우리나라 저출산 원인 및 정책 효과 분석/한국은행/2022년

2014 해외 육아정책동향 정보자료집/육아정책연구소/2014년

수도권과 비수도권간 산업역동성 비교와 시사점/대한상공회의소 지속성장이니셔티브(SGI)/2023년

출산율 제고를 위한 정책제언/대한상공회의소 지속성장이니셔티브(SGI)/2023년

Guide Tiers-Lieux & Collectivités/France Tiers Lieux/2023년

프랑스 제3의 장소 지원정책과 보드르빌의 온실 사례/한국농촌경제연구원/2023년

글로벌산업경쟁력 강화를 위한 해외인력 활용방안/한국무역협회/2024년

글로벌 인재 이동 동향 및 시사점/산업통상자원부·한국산업기술진흥원/2022년

주요국의 외국 전문인력 유치 동향과 한국의 과제/전국경제인연합회/2022년

서울시 외국인 노동자 유입에 따른 고용 영향과 과제/서울연구원/2022년

초저출산 및 초고령사회: 극단적 인구구조의 원인, 영향, 대책/한국은행/2023년

한국 가족의 변동 특성과 정책적 함의: 1997년 외환위기 이후 변화를 중심으로/한국보건사회연구원/2020년

세계 인재경쟁력 보고서/프랑스 인시아드(INSEAD) 경영대학원/2023년

세계 인재보고서/스위스 국제경영개발연구원(IMD)/2022년

ECONOMIC SURVEY OF SINGAPORE/싱가포르 통상산업부(MTI)/2023년

도움 주신 분들

공경철	KAIST 기계공학부 교수
권인혜	농촌경제연구원 전문연구원
김석호	서울대 사회발전연구소장
김승배	한국부동산개발협회장
김영미	연세대 사회학과 교수
김영철	서강대 경제학과 교수
김정석	동국대 사회학과 교수
김천구	대한상공회의소 지속성장이니셔티브(SGI) 연구위원
김태유	서울대 산업공학과 명예교수
노민선	중소벤처기업연구원 중소기업정책연구실 연구위원
마르크 라제 **(Marc Laget)**	프랑스 국토통합청(ANCT) '새로운 장소, 새로운 관계' 프로그램 총괄
마르틴 부야르트 **(Martin Bujard)**	독일 연방인구연구소 소장
마티아스 됩케	미국 노스웨스턴대 경제학과 교수
박성준	KAIST 바이오 및 뇌공학과 교수
박창현	육아정책연구소 미래교육연구팀 연구위원
서용석	KAIST 문술미래전략대학원 교수
서정인	전 주멕시코 대사
심교언	국토연구원 원장

아드리안 하이어만 (Adrián C. Heiermann)	베를린 인구개발연구소 연구원
양미숙	싱가포르한국국제학교 교장
양정호	성균관대 교육학과 교수
오정은	한성대 국제이주협력학과 교수
유혜정	한반도미래인구연구원 연구위원
이경일	솔트룩스 대표
이미영	블루포인트파트너스 수석심사역
이용관	블루포인트파트너스 대표
이창무	한양대 도시공학과 교수
이철희	서울대 경제학부 교수
임동근	한반도미래인구연구원 연구위원
장범식	숭실대 총장
전영수	한양대 글로벌사회적경제학과 교수
정만기	한국무역협회 부회장
정용	KAIST 바이오 및 뇌공학과 교수
정재훈	서울여대 사회복지학과 교수
조광현	KAIST 바이오 및 뇌공학과 교수
질 피송	프랑스 국립인구연구소(INED) 연구원
차미숙	국토연구원 선임연구위원
최슬기	한국개발연구원(KDI) 교수
파이잘 빈 야히아 (Faizal Bin Yahya)	싱가포르국립대 정책연구소(IPS) 교수
황인도	한국은행 금융통화연구실장

MK에디션
대한민국 인구대역전

초판 1쇄   2024년 3월 27일

지은이   매일경제 국민보고대회팀
펴낸이   장승준
펴낸곳   매일경제신문사

주소 서울 중구 퇴계로 190 매경미디어센터(04627)
편집문의 02)2000-2521~35
판매문의 02)2000-2606
등록 2003년 4월 24일(No. 2-3759)

ISBN 979-11-6484-674-0(03320)